Themenbände Ethik/Religion

Glück + Glücklichsein

Religiöse und ethische Grundfragen kontrovers und schülerzentriert

Martin Dösch und Michael Freund

Cornelsen

Die Autoren

Martin Dösch hat in Würzburg und Erlangen Philosophie und Sinologie studiert. M.A. in Ethik der Textkulturen, Promotion in Sinologie.

Michael Freund ist Lehrer an einer bayerischen Mittelschule. Seit 2019 ist er Tutor am Praktikumsamt für die Lehrämter an Grund- und Mittelschulen (Zentrum für Lehrerbildung und Fachdidaktik der Universität Passau). Zudem ist er seit 2013 als Autor für verschiedene Zeitschriften und Verlage tätig.

Alle aufgeführten Systeme und Tools stellen nur Beispiele für die Unterrichtsgestaltung dar. Bitte stimmen Sie sich mit Ihrer Schulleitung dazu ab, welche Systeme oder Tools an Ihrer Schule im Rahmen der Unterrichtsgestaltung genutzt werden dürfen.

Projektleitung: Dorothee Weylandt, Berlin
Redaktion: Katia Simon, Essen
Umschlagkonzept/-gestaltung: Ungermeyer, Berlin
Umschlagfoto: Shutterstock.com/Nik962
Layout/technische Umsetzung: krauß-verlagsservice, Ederheim/Hürnheim

www.cornelsen.de

1. Auflage 2021

Druck: H. Heenemann, Berlin

ISBN 978-3-589-16775-3

Inhalt

3 Glück erleben – Auf Glück reagieren

4 Das persönliche Glück finden

Vorwort

Was ist Glück? Wie kann ich ein glückliches Leben führen? Was braucht man überhaupt, um glücklich zu sein? – Diese und weitere themenspezifische Fragen stellen sich Menschen bereits seit Jahrtausenden. Spätestens seit der Antike findet eine philosophische Auseinandersetzung über diese Thematik statt, ohne dass diese bislang zu einem universell gültigen Ergebnis geführt hätte. Jeder Mensch ist bis zu einem gewissen Grad alleine für sein Leben verantwortlich und muss für sich selbst die Frage nach dem Glück klären. In diesem Band setzen sich die Schülerinnen und Schüler mit diesem Thema auseinander. Dabei werden die folgenden Kompetenzen angestrebt:

Die Lernenden nutzen ausgehend von eigenen Lebenserfahrungen individuelle Quellen des Glücks und die Vielfalt von Glücksvorstellungen für das eigene Leben. Sie nehmen sich selbst als Adressat*innen vielfältiger Glücksversprechungen wahr und zeigen Bewusstsein für die verhaltensbeeinflussende Wirkung, z. B. der Werbung. Die Schülerinnen und Schüler schätzen individuelle Glückserlebnisse, bewerten eigene Reaktionen darauf und tragen durch moralisch verantwortbare Handlungen zum Glück anderer bewusst bei. Zudem verfügen sie über einfache Strategien, das persönliche Glück zu finden bzw. mit Frustration umzugehen.

Der große Abwechslungsreichtum in der Methodenwahl ermöglicht vielfältige Zugangsmöglichkeiten. Binnendifferenzierungen und offene Aufgabenstellungen erlauben es, auch in heterogenen Gruppen Lernerfolge zu erzielen und zum intensiven Nachdenken anzuregen.

Dieses Werk nimmt Erkenntnisse aus verschiedenen Disziplinen, wie z. B. der Ethik und auch anderer Bereiche der Philosophie, der Religionslehre aber auch der Psychologie, auf und schafft so einen umfassenden Einblick in den Themenkomplex.

Der Aufbau dieses Heftes beginnt mit den Grundlagen („Quellen des Glücks"). Daran anschließend werden diverse Glücksversprechungen erörtert. Dabei werden Bezüge zu Religion, Philosophie und der kontemporären Lebenswelt hergestellt. Die Kapitel „Glück erleben – Auf Glück reagieren" und „Das persönliche Glück finden" sind als „Lebenshilfe" angedacht (Diese soll freilich nicht unreflektiert adaptiert werden! Eine kritische Auseinandersetzung ist außerordentlich wichtig!). In diesem letzten Kapitel werden auch Anregungen zur Erstellung eines Glückstagebuches und zur Erschaffung von Glücksbringern gegeben. Gerade das Glückstagebuch soll die gesamte Lernsequenz begleiten. Somit wäre eine Einführung in die Erstellung dieses besonderen Lerntagebuchs bereits zu Beginn der Unterrichtsthematik sinnvoll.

Wir wünschen Ihnen und Ihren Schülerinnen und Schülern viel Freude bei der Arbeit mit diesem Heft! Wie schon Konfuzius sagte: „Lernen und zur rechten Zeit anwenden, wie glücklich macht das doch!"

Martin Dösch und Michael Freund

Hinweise zur Benutzung

Das vorliegende Heft ist thematisch strukturiert und orientiert sich im Aufbau an einem Musterlehrplan zur Themensequenz „Glück". Es ist dennoch nicht als Lehrbuch konzipiert, das der Reihe nach abzuarbeiten wäre. Vielmehr waren die Autoren bemüht, zu möglichst vielen Aspekten der Lehrplansequenz Handreichungen zu liefern, die die Planung und Durchführung einzelner Unterrichtsstunden unterstützen und erleichtern sollen. Die Auswahl und Reihenfolge ist dabei dem pädagogischen Urteil der Lehrenden überlassen. Einzig für die Fälle, dass die Erstellung eines Glückstagebuches oder einer Daruma-Puppe erwogen wird, sollte dies an den Anfang der Unterrichtssequenz gestellt werden. Der Glücksstein könnte vielleicht zum Abschluss der Sequenz verfertigt werden.

An mehreren Stellen werden Zusammenhänge zwischen den einzelnen Arbeitsblättern angesprochen. Dies erschien sinnvoll, um auf die vielfältigen Abhängigkeiten und Anknüpfungspunkte nicht nur des Themas „Glück" sondern prinzipiell jeden Unterrichts aufmerksam zu machen. Dennoch können die einzelnen Arbeitsblätter selbst unabhängig voneinander bearbeitet werden.

Den Autoren lag auch die Verknüpfung der Themensequenz „Glück" mit anderen Unterrichtsfächern am Herzen. So können fremdsprachliche Ausdrücke für Glück den gelernten Fremdsprachen entnommen werden. Hier können natürlich auch die Kenntnisse und Erfahrungen von Schüler*innen (und Lehrer*innen) mit interkulturellen Verbindungen aktiviert und einbezogen werden. Dies gilt gleichermaßen, wenn es um Symbole und Redewendungen von Glück geht. Hier können vielleicht auch Elemente aus dem Erdkunde- und Geschichtsunterricht einbezogen werden. Darstellung und Symbolik des Glücks ist auch ein Thema in der Kunst. So können auch die Kunstlehrer*innen zu einer fächerübergreifenden Zusammenarbeit eingeladen werden.

Die Einheiten bestehen jeweils aus **Hinweisen für Lehrkräfte** (Hintergrundinformationen, Bearbeitungsform, mögliche Diskussionsschwerpunkte und -ergebnisse, Lösungen für Zuordnungen), **Material** (Texte, Bilder, Interviews, Tabellen) und **Arbeitsaufträgen** (Fragen, Diskussionsvorschlägen, Aufgaben, Arbeitsanweisungen).

Material und Arbeitsaufträge sind als Kopiervorlagen gedacht, um den Schülern die Aufgaben direkt an die Hand zu geben. Sie können aber auch vorgelesen, diktiert oder an die Wand des Klassenraums projiziert werden. In vielen Lektionen gibt es darüber hinaus noch **weiterführende Fragestellungen** oder **Aufgaben für Schnelle**. Diese sind dazu gedacht, besonders engagierte oder schnelle Schüler*innen und Klassen zu fördern und sie auf weitere Aspekte aufmerksam zu machen. So können auch sehr selektiv einzelne Aufgaben den Schüler*innen vorgelegt werden. Diese Aufgaben greifen Kenntnisse aus anderen Unterrichtssequenzen, Fachgebieten und Unterrichtsfächern auf und versuchen (manchmal vielleicht überraschende) Querverbindungen nahezubringen. Für manche können sie auch als Anregung zu Referaten oder Abschlussarbeiten in Betracht gezogen werden. Hinweise für Lehrkräfte, die weiterführende Fragestellungen enthalten, sind im Inhaltsverzeichnis mit * kenntlichgemacht.

Obwohl versucht wurde, die Sprache schülernah zu halten, bleiben dennoch zahlreiche Fachbegriffe und Fremdwörter, die zu Stolpersteinen werden können. Hier empfiehlt es sich, die Schüler*innen immer wieder dazu zu ermutigen, diese selbstständig in den verschiedensten Hilfsmitteln (Internet, Datenbanken, Fremdwörterlexika, Fachwörterlexika, allgemeine Wörterbücher und Lexika) nachzuschlagen.

1 Quellen des Glücks

1.1 Glücksvorstellungen – Wie stelle ich mir das Glück vor?

*Hinweise für Lehrkräfte: Glückssprüche

Die Unterrichtssequenz zum Thema „Glück" kann mit dieser Sammlung von Aussprüchen über das Glück begonnen werden. Durch die Analyse der unterschiedlichen Sprüche können sich die Schüler*innen verschiedene Aspekte und Dimensionen dessen erarbeiten, was Glück heißen kann.

Gemeinsam mit den Schüler*innen könnte man aus den Sprüchen folgende Aspekte herausarbeiten:
- ▷ Glück als Zustand, dessen Dauer zerbrechlich ist (Flüchtigkeit)
- ▷ Glück als Geschehen
- ▷ Glück als verfügbar (man kann selbst etwas dafür tun)
- ▷ Zugleich: Glück als unverfügbar (man muss darauf warten)
- ▷ Glück hat eine persönliche Dimension (eigene Haltung)
- ▷ Glück als soziales Ereignis (man kann es (mit-)teilen)

Als **Gemeinsamkeiten** der Sprüche könnte man darauf kommen, dass es keine allgemeine Definition des Inhaltes von Glück gibt, dass es sich nur um formale Umschreibungen handelt.

Als **Unterschiede** könnte man die o.g. Aspekte und Dimensionen von Glück (auch als Tafelanschrift) darstellen.

Als **weitere Ausdrücke** für Glück könnte man nicht nur deutsche Ausdrücke wie „Zufriedenheit", „Wohlergehen", „Wohlstand" etc. anführen, sondern auch im Fremdsprachenunterricht gelernte oder von fremdsprachenkundigen Mitschüler*innen eingebrachte Wörter beibringen.

Weiterführende Anmerkungen
1. Die in der Dimension „Unverfügbarkeit" mitschwingende Bedeutung „Zufall" des Wortes „Glück" sollte in einer späteren Unterrichtseinheit nochmal eigens behandelt werden.
2. Im Anschluss an die letzte Frage („Was macht dich glücklich?") können die Schüler*innen am Ende der Unterrichtseinheit aufgefordert werden, für die nächste Stunde ein (vielleicht ganz persönliches) Glückssymbol, einen Glücksbringer, mitzubringen.
3. Die angesprochene eigene Sammlung von Glückssprüchen können die Schüler*innen z.B. als eigene Abteilung in ihrem Glückstagebuch (siehe S.59 „Ein Glückstagebuch führen") erstellen oder jeden Tageseintrag mit einem Glücksspruch beginnen/abschließen.

Glückssprüche

Im Alltag begegnet uns die Rede vom Glück in den unterschiedlichsten Gestalten. Viele literarische Wendungen sind sprichwörtlich geworden. Lies dir die folgenden kurzen Aussprüche durch und bearbeite die daran anschließenden Fragen. Dann mache dir Gedanken darüber, welche Fragen du zu den Sprüchen stellen würdest und welche Aspekte zum Thema „Glück" nicht vorkommen. Erstelle deine eigene Sammlung von Glückssprüchen. Erledige die Aufgaben schriftlich.

„Es gibt keinen Weg zum Glück.
Glücklichsein ist der Weg."
Buddha

„Jeder ist seines Glückes Schmied."
Sprichwort

„Alles in der Welt lässt sich ertragen,
Nur nicht eine Reihe von schönen Tagen."
Johann Wolfgang von Goethe

„Warte, warte nur ein Weilchen,
dann kommt auch das Glück zu dir."
Lied in der Operette „Marietta"

„Glück ist das einzige, das sich verdoppelt,
wenn man es teilt."
Albert Schweitzer

„Glücklich ist nicht, wer anderen so
vorkommt, sondern wer sich selbst dafürhält."
Seneca

A

1. Welcher Spruch spricht dich am meisten an? Warum?
2. Welche Gemeinsamkeiten, welche Unterschiede bestehen?
3. Welche weiteren Sprüche über Glück/Glücklichsein kennst du?
4. Welche Ausdrücke für Glück kennst du?
5. Was macht dich glücklich?

1.2 Glücksbringer – Was bringt mir Glück?

Hinweise für Lehrkräfte: Glücksbringer

Glücksbringer oder Glückssymbole sind Gegenstände, Tiere, Pflanzen oder aber auch Menschen, denen eine glücksbringende Wirkung nachgesagt wird. Meist werden aufgrund geschichtlicher Begebenheiten, Sagen oder religiöser Hintergründe Glücksbringer als solche anerkannt. Der Glaube (oder aber auch Aberglaube) an die Wirksamkeit eines Talismans verleiht diesem Kraft. Aus diesem Grund gibt es nicht nur Glücksbringer, die in Ethnien anerkannt sind, sondern auch solche, die nur für ein Individuum Bedeutung erlangen.

Zur Aktivierung relevanten Vorwissens und zur angemessenen Hinführung zum Thema eignet sich das Zeigen einiger Glücksbringer auf Bildern. Die Schülerinnen und Schüler verbalisieren ihre bereits vorhandenen Kenntnisse und können miteinander in die Diskussion treten, was einen Glücksbringer auszeichnet und wie solche entstehen. Auch die Frage, ob man daran glaubt oder nicht, kann zur Diskussion gestellt werden. Ebenso ob einzelne Glückssymbole in bestimmten Situationen häufiger gebraucht werden (z.B. an Silvester).

Im nächsten Schritt können die Lernenden ihren Horizont erweitern und weitere Glücksbringer kennenlernen, die vor allem außerhalb Europas bekannt und bedeutsam sind.

Die Frage, inwiefern Glückssymbole und Kultur in Beziehung zueinander stehen, lässt sich nicht monokausal erklären. Sicherlich spielt die Kommunikation über das Symbol eine wesentliche Rolle. Auch der Vorgang des Erklärens der Symbolhaftigkeit selbst ist bedeutsam. Fakt ist, dass Menschen im Allgemeinen zur Verwendung von Symbolen neigen und sich das Symbolverständnis nach entwicklungspsychologischen Gesetzmäßigkeiten vollzieht.

Die Lernenden können durch diese Aufgabenstellung erfahren, dass ein Narrativ geschaffen werden muss, um Symbole zu etablieren.

In einem weiteren Schritt begeben sich die Schülerinnen und Schüler auf die Suche nach weiteren Glückssymbolen und verorten diese. Zur Intensivierung bieten sich Präsentationen an. Dieser Arbeitsauftrag der Recherche und Präsentationsvorbereitung erfolgt idealerweise als Hausaufgabe.

Zur Abrundung der Stunde und als Transfer können die Fragen erörtert werden, was Glücksbringer tatsächlich „bringen“ und ob es auch ganz individuelle Glückssymbole gibt.

Glücksbringer (Vorwissen)

A Betrachte die Bilder genau. Beschreibe diese und äußere dein Vorwissen.

1

Shutterstock.com/luma_art

2

Shutterstock.com/Vector Tradition

3

Shutterstock.com/claudipro

4

Shutterstock.com/Krafted

5

Shutterstock.com/Sudowoodo

6

Shutterstock.com/mayakdesignmk

Glücksbringer (International)

Ordne die einzelnen Glückssymbole den Abbildungen und den Beschreibungen zu.

Maneki-neko (winkende Katze)	 Shutterstock.com/Sudowoodo	Käfer Symbol für Leben und Auferstehung, stellt somit eine Art Glücksbringer dar
Marienkäfer	 Shutterstock.com/Julia Pr	beliebter japanischer Glücksbringer der japanischen Tradition zufolge die Wiedergeburt der Göttin der Gnade
Skarabäus	 Shutterstock.com/Compaq life	Käfer hat sieben Punkte (sieben als Glückszahl)
Daruma	 Shutterstock.com/Yulia Glam	besteht aus Pappmaché und wird mit einem Gewicht beschwert, damit er nicht umfallen kann; macht Mut, sich in jeder Situation wieder aufzurichten

Glücksbringer (Glückssymbole und Kulturen)

1. In welchem Zusammenhang stehen Glückssymbole und Kulturen? Erörtere diese Fragestellung mit deinem Partner.
2. Recherchiere im Internet nach weiteren Glückssymbolen und gib an, wo diese allgemein als Glücksbringer anerkannt werden. Kennzeichne die Orte auf der Karte.
3. Bereite zu einem Glückssymbol eine kurze Präsentation vor.

4. Gibt es auch Glücksbringer, die nicht von ganzen Volksgruppen anerkannt werden? Finde Beispiele und notiere diese.

5. Was „bringen" Glücksbringer? Notiere deine Gedanken.

6. Tausche die Ergebnisse mit deinem Partner aus.

Illustration: Shutterstock.com/Pyty

1.3 Luck and happiness – Was ist Glück?

Hinweise für Lehrkräfte: Das Glück der Fülle

Zum Stundeneinstieg bietet es sich an, dass die Schülerinnen und Schüler ihr Vorwissen zum Thema Glück verbalisieren. Als kurze Impulse können die Zitate aufgegriffen werden, die in der KV A Glückssprüche (siehe S. 8) enthalten sind. In der Erarbeitungsphase setzen sich die Lernenden mit dem „Glück der Fülle“ auseinander. Dieses grenzt sich vom Wohlfühlglück („happiness“) und vom Zufallsglück („luck“) ab.

Das Zufallsglück bezieht sich auf günstige Umstände, die meist von außen auf das Individuum einwirken. Hier ist eine passive Haltung kennzeichnend: Jemandem passiert etwas. Die Möglichkeiten, etwas dafür zu tun, sind gering. Beim Wohlfühlglück geht es um angenehme Gefühle. Das menschliche Gehirn ist allerdings nicht in der Lage, ein dauerhaftes Hoch auszuhalten. Das Wohlfühlglück bezieht sich somit eher auf Momente als auf Kontinuität. Beim Glück der Fülle werden „luck“ und „happiness“ anerkannt, aber es werden auch die negativen Erfahrungen integriert, die das Leben bietet. Somit wird das gesamte Spektrum menschlichen Lebens erfasst und nicht nur einzelne Aspekte. Wie die geistige Haltung erreicht werden kann, um dieses Glück der Fülle zu erlangen, ist in diesem kurzen Text nicht angeführt. Im Lauf der Unterrichtssequenz werden jedoch einige Anregungen gegeben, wie man mit Glück umgehen kann. Auch die soziale Dimension von Glück ist nicht zu vernachlässigen.

In einer Reflexionsphase können die Schülerinnen und Schüler ihre Vorstellungen und Ideen äußern, wie man das Glück der Fülle erlangen kann bzw. welche Einstellungen und Haltungen dieses Glück begünstigen oder aber auch verhindern. Wichtig ist es sicherlich, das Wohlfühlglück, das Zufallsglück und das Glück der Fülle voneinander abzugrenzen und auf die Vielschichtigkeit des Glücksbegriffs aufmerksam zu machen.

Das Glück der Fülle

1. Lies den folgenden Text aufmerksam durch.
2. Unterstreiche wichtige Informationen farbig und mit Lineal!

Der Philosoph Wilhelm Schmid geht davon aus, dass es ein größeres Glück als das Wohlfühlglück gibt. Ein Glück, das nicht nur die positiven, angenehmen, freudigen Seiten des Lebens betont, sondern auch negative Erlebnisse wie Leid, Schmerz, Trauer usw. anerkennt. Dieses bezeichnet er als das „Glück der Fülle". Dieses setzt eine geistige Haltung voraus, die die Polarität des Lebens anerkennt, also die Gegensätzlichkeit und Widersprüchlichkeit, die in allen Dingen enthalten ist und sich in unseren Erfahrungen zeigt. Jeder einzelne Mensch soll sich die Frage stellen, ob er diese Gegensätzlichkeiten akzeptieren kann. Wie erträgt man das Leid, das nicht aus der Welt zu schaffen ist? Wie lebt man mit den negativen Seiten, die man selbst hat? Kann man das Leben grundsätzlich bejahen?

Kann man diese Fragen für sich beantworten, ist man auf einem guten Weg, sich in einen größeren Zusammenhang eingebettet zu wissen, und kann dankbar durchs Leben gehen, wohl wissend, dass sowohl positive als auch negative Seiten dazugehören.

Es gibt im Leben nicht nur Erfolg, sondern auch Misserfolg, nicht nur Freude, sondern auch Trauer, nicht nur Gesundheit, sondern auch Krankheit, nicht nur erfüllte, sondern auch leere Tage.

Kann man dies akzeptieren, so ist diese Form des Glücks umfassender und dauerhafter als alles Zufallsglück (glückliche Umstände/„luck") und Wohlfühlglück (Empfindung von Glück/angenehmen Gefühlen/„happiness"). Dieses Glück ist nicht abhängig von günstigen und ungünstigen Zufällen und von den Schwankungen zwischen Wohlgefühl und Unwohlsein. Es ist das wahre philosophische Glück, das ganz entscheidend von der persönlichen, geistigen Haltung bestimmt ist.

Vgl. Wilhelm Schmid (2007): Glück. Alles, was Sie darüber wissen müssen und warum es nicht das Wichtigste im Leben ist. Insel Verlag: Frankfurt am Main und Leipzig, S. 29–38.

3. Beschreibe in eigenen Worten, was das Glück der Fülle auszeichnet.
4. Erläutere, worin sich das Glück der Fülle vom Zufallsglück und vom Wohlfühlglück unterscheidet.
5. Vergleiche deine Ergebnisse mit deinem Partner oder deiner Partnerin. Diskutiert Gemeinsamkeiten und Unterschiede.

*Hinweise für Lehrkräfte: Welche Bedeutung hat Glück bei Aristoteles?

Zu Beginn der Unterrichtsstunde bietet es sich an, dass das Vorwissen aktiviert und an die gewonnenen Erkenntnisse der Vorstunde angeknüpft wird, beispielsweise indem man einen geeigneten Impuls setzt (z.B. einen Glücksbringer zeigen). Anschließend kann zu Aristoteles durch ein Bild des Philosophen übergeleitet werden. Ideen, wie in der Antike „Glück" ausgesehen hat und welche Vorstellungen die Schülerinnen und Schüler besitzen, können an der Tafel notiert werden. In der Erarbeitungsphase setzen sich die Lernenden mit dem Text auseinander, beantworten stichpunktartig Fragestellungen und erstellen in Partnerarbeit ein Plakat. Für Schnelle ist ein Differenzierungsangebot vorgesehen.

Die folgenden Fragen werden erörtert:

▷ **Was versteht man unter *eudaimonia*?**
Diese bezeichnet das gute Leben, das gelungene Leben, welches sich vom bloßen Leben unterscheidet.

▷ **Worin unterscheidet sich der antike Glücksbegriff vom heutigen Glücksverständnis?**
Im Gegensatz zum heutigen Glücksverständnis geht es in der Antike nicht so sehr um ein subjektives Wohlbefinden, das bei jedem unterschiedlich ist, sondern um ein objektives Wohlergehen.

▷ **Was versteht man unter einem *summum bonum*?**
Die Frage nach dem Glück, wie auch nach dem glücklichen Leben, ist das Streben nach einem als gut bewerteten Ziel.

▷ **Welche Lebensformen unterscheidet Aristoteles?**
Der Philosoph benennt das Leben der Lust, die politische Lebensform und die betrachtende Lebensform sowie die kaufmännische Lebensform.

▷ **Welche Tugenden unterscheidet Aristoteles?**
Aristoteles unterscheidet Gewöhnungstugenden (diese sind angeboren, müssen aber eingeübt und eingewöhnt werden) und Verstandestugenden (diese können mittels des Einsatzes des Verstandes erschlossen und gelernt werden).

Nach der Präsentation des Lernprodukts wird dieses im Plenum diskutiert. Anschließend können die Hypothesen mit den gewonnenen Erkenntnissen verglichen werden. Die Sicherungsphase kann beispielsweise mit der Methode „Meldekette" erfolgen. Zur Vertiefung bietet es sich an, den Zusammenhang zwischen Glück und Gerechtigkeit zu diskutieren oder weitere Beispiele zu finden, bei denen die goldene Mitte (der Begriff stammt übrigens nicht von Aristoteles) eine zentrale Rolle spielt.

Weiterführende Fragestellung
Aristoteles war Erzieher von Alexander dem Großen (356–323 v. Chr.), der ein großes Reich in Europa, Asien und Afrika eroberte.

▷ Diskutiert, inwieweit ihm Aristoteles' universalistische Konzeption des Glücks geholfen hätte, seine neuen Untertanen zufriedenzustellen und sein Reich zu stabilisieren.

Welche Bedeutung hat Glück bei Aristoteles?

1. Lies den folgenden Text aufmerksam durch!
2. Unterstreiche wichtige Informationen farbig und mit Lineal!

Für Schnelle:
Diskutiere mit deinem Partner/deiner Partnerin den Zusammenhang zwischen Glück und Gerechtigkeit.

Der griechische Philosoph Aristoteles (384–322 v. Chr.) gilt als einer der größten Gelehrten, den die Menschheit bislang hervorgebracht hat. Es erscheint daher kaum verwunderlich, dass er sich mit Glück geistig auseinandergesetzt hat. Im antiken Griechenland beschäftigten sich die Ethiker mit der Glückseligkeit (*eudaimonia*). Diese bezeichnet das gute Leben, das gelungene Leben, welches sich vom bloßen Leben unterscheidet. Im Gegensatz zum heutigen Glücksverständnis geht es in der Antike nicht so sehr um ein subjektives Wohlbefinden, das bei jedem unterschiedlich ist, sondern um ein objektives Wohlergehen.
Die Frage nach dem Glück, wie auch nach dem glücklichen Leben, ist das Streben nach einem als gut bewerteten Ziel. Aber welches Ziel kann dies sein, sodass es nicht nur für Einzelne Bedeutung hat, sondern für alle Menschen? Aristoteles geht davon aus, dass es ein solches Ziel gibt, ein sogenanntes *summum bonum*, an dem die Menschen ihr Leben ausrichten können. Dieses Ziel kann gleichzeitig eine Art Richtschnur sein, die Orientierung bietet.
Auch ist es für Aristoteles klar, dass man Glückseligkeit nicht nur durch ein kurzfristiges Ereignis erlangt, sondern dass man sein Leben danach ausrichten muss. Er beschreibt verschiedene Lebensformen, die nicht alle gleichermaßen zur Glückseligkeit beitragen können. Der Philosoph benennt das Leben der Lust, die politische Lebensform und die betrachtende Lebensform sowie die kaufmännische Lebensform. Letztere ist aber für die Frage nach dem Glück und der Glückseligkeit vollkommen ungeeignet, denn materielle Güter sind zwar auch für Glück verantwortlich, aber das Ziel eines gewinnorientierten Lebens ist nur ein Mittel, niemals ein Zweck in sich. Das Leben der Lust ist das, was er mit dem Leben des Viehs vergleicht. Bei dieser Lebensweise geht es darum, Lust zu erlangen, was häufig dazu führt, dass die Begierden nicht mehr kontrolliert werden können und ausarten. Das Leben wird den Affekten, den innersten Trieben unterworfen. Für Aristoteles ist dies ein menschenunwürdiges Dasein. Aristoteles ist der Auffassung, dass die politische Lebensform und die betrachtende Lebensform zur Glückseligkeit beitragen können und der Mensch sich in ihnen selbst verwirklichen kann.
Von anderen Lebewesen unterscheidet sich der Mensch, da er Vernunft besitzt. Die Seele des Menschen ist dem *logos* unterworfen. Ein glückliches Leben kann der Mensch nur führen, wenn er seine einzigartigen und besonderen menschlichen Anlagen entfaltet

Welche Bedeutung hat Glück bei Aristoteles?

und geeignete Tugenden weiterentwickelt. Dieses Streben nach dem Guten führt bereits zur Glückseligkeit.
Ethische Tugenden, wie z.B. die Tapferkeit, sind im Menschen angelegt, müssen sich aber einüben. Durch Gewöhnung erlangt man Tapferkeit, nicht durch bloßes Nachdenken. Hat man sich daran gewöhnt, so wird die Tapferkeit zur Charaktertugend. Solche Tugenden ermöglichen im Alltag, das Richtige zu tun.
Tugenden zielen auf die Mitte ab. So ist die Tapferkeit die Mitte zwischen Tollheit (übermäßigem Mut) und Feigheit (übermäßiger Furcht). Beim Geben und Nehmen ist für Aristoteles die Großzügigkeit die „goldene Mitte“ zwischen Verschwendung und Kleinlichkeit. Dieser besonders hohe Stellenwert der Mitte ist typisch für Aristoteles. Die höchste ethische Tugend ist die Gerechtigkeit. Diese Tugend ist auf das Leben mit anderen bezogen. Aristoteles unterscheidet ausgleichende („Jedem das Gleiche“) und verteilende Gerechtigkeit („Jedem das Seine“).
Bei Aristoteles gibt es aber die sogenannten Verstandestugenden, die eher den Verstand und weniger den Charakter eines Menschen betreffen. Diese Tugenden können und müssen sogar erlernt werden. Insbesondere die Weisheit spielt für Aristoteles eine große Rolle, die es den Weisen ermöglicht, ein glückliches Leben zu führen. Für die meisten Menschen ist aber die Klugheit von größerer Bedeutung, da diese sich auf das Verstehen eines guten und glücklichen Lebens bezieht. Aber nur ein tugendhafter Mensch mit der entsprechenden charakterlichen Stärke wird das Gute erkennen können. Solche klugen und tugendhaften Menschen sind für eine Gesellschaft unverzichtbar, da nicht nur der Mensch nach Glück strebt, sondern auch der Staat zur Mehrung des Glücks beitragen soll. Um die Klugheit und Tugendhaftigkeit im Volk zu verbreiten, benötigt man Erziehung und gute Gesetze sowie die Möglichkeit zur Gewöhnung an tugendhaftes Verhalten. Diese sind die Bedingungen eines guten Lebens.

Vgl. Schwabe, Christian (2007): Politische Theorie 1. Von Platon bis Locke. Wilhelm Fink. Paderborn, S.50–77.

3. Beantworte die folgenden Fragen stichpunktartig:
- ▷ Was versteht man unter *eudaimonia*?
- ▷ Worin unterscheidet sich der antike Glücksbegriff vom heutigen Glücksverständnis?
- ▷ Was versteht man unter einem *summum bonum*?
- ▷ Welche Lebensformen unterscheidet Aristoteles?
- ▷ Welche Tugenden unterscheidet Aristoteles?

4. Erstellt in Partnerarbeit ein übersichtliches Plakat zu Aristoteles' Glücksbegriff.

Hinweise für Lehrkräfte: Glück in der Antike – Hedonismus und Stoizismus im Vergleich

Nach einer geeigneten Aktivierung des Vorwissens wird die Kopiervorlage in Einzel- bzw. Gruppenarbeit bearbeitet.

▷ **Was versteht man unter Hedonismus?**
Dies ist eine philosophische Strömung, deren Name sich vom griechischen *hedoné* (für Lust) herleitet und die das Empfinden von Lust in das Zentrum eines glücklichen menschlichen Lebens stellt.

▷ **Was versteht man unter Ataraxie?**
Dieser Begriff bezeichnet die Gelassenheit, die sich einstellt, wenn man für sich die wichtigsten Lebensfragen geklärt hat.

▷ **Was trägt, laut Epikur, zu einem glücklichen Leben bei?**
Epikur ist der Auffassung, dass das Überwinden von Furcht, Schmerz und Begierden zu einem glücklichen Leben beiträgt, da diese als Widersacher der Lebensfreude angesehen werden müssen. Auch ist er der Ansicht, dass die Gesundhaltung des eigenen Körpers, der wohlwollende Umgang mit guten Freunden und der Rückzug ins Private ein glückliches Leben ausmachen. Ein einfaches und überschaubares Leben schafft Seelenruhe.

▷ **Was versteht man unter Stoizismus?**
Dies ist ebenfalls eine philosophische Strömung. Die Anhänger des Stoizismus glauben an einen größeren kosmischen Zusammenhang: Eine Ordnung verbindet alles miteinander und der Mensch muss seinen Platz darin finden. Dazu benötigt man Vernunft.

▷ **Wie sollte man sich als Stoiker verhalten, um glücklich zu werden?**
Stoiker ergeben sich ihrem Schicksal. Gleichzeitig wird alles in der Macht Stehende unternommen, um Gutes zu tun, und zwar mit großer Selbstbeherrschung und einem ausgeprägten Pflichtbewusstsein. Um wahres Glück zu erlangen, ist es notwendig, die eigenen Gefühle zu kontrollieren, insbesondere Verzweiflung, Angst, Lust und Begeisterung. Leitspruch für das Dasein ist: „Führe ein einfaches Leben!“. Auf alles, was überflüssig ist, sollte man verzichten. Sich selbst glücklich zu fühlen, ist eine wichtige Grundvoraussetzung um glücklich zu werden.

Nach der Präsentation der Lernprodukte werden diese diskutiert. Daran anschließend stehen für die Vertiefungsphase passende Arbeitsaufträge bereit, die zur Vernetzung von Wissen beitragen. Hier werden ganz bewusst die neuen Erkenntnisse einer vertieften Betrachtung unterzogen, indem die Wissensbestände überprüft und neu arrangiert werden. Gleichzeitig werden persönliche Meinungen samt Begründung eingefordert, um so einen Lebensweltbezug herzustellen.

Glück in der Antike: Hedonismus und Stoizismus im Vergleich

1. Lies den folgenden Text aufmerksam durch.
2. Unterstreiche wichtige Informationen farbig und mit Lineal.

Lange Zeit herrschte im alten Griechenland die Ansicht vor, dass menschliches Glück in äußeren Umständen begründet ist. Reichtum, Schönheit, Stärke usw. machen den Menschen glücklich. Folglich ist es erstrebenswert, diese Ziele zu erreichen. Wenn günstige Ereignisse auftreten, die dazu führen, dass die Lust erhöht wird, so würde man heutzutage sagen, dass man Glück gehabt hat. Das Vermeiden von Schmerz und Leid trägt ebenfalls zum Empfinden von Glück bei. Da bei dieser Glücksvorstellung die Lust im Vordergrund steht, bezeichnet man diese philosophische Strömung als Hedonismus (vom griechischen *hedoné* für Lust).

Ein bedeutender Hedonist ist Epikur (um 341 v. Chr. – 271 oder 270 v. Chr.), der Lust als Prinzip gelingenden Lebens beschreibt. Die höchste Lust nennt er Ataraxie. Dieser Begriff bezeichnet die Gelassenheit, die sich einstellt, wenn man für sich die wichtigsten Lebensfragen geklärt hat. Epikur ist der Auffassung, dass das Überwinden von Furcht, Schmerz und Begierden zu einem glücklichen Leben beiträgt, da diese als Widersacher der Lebensfreude angesehen werden müssen. Spannend ist, dass bei Epikur nicht alle menschlichen Freuden tatsächlich zu einem Lustgefühl beitragen. Die Erfüllung von Grundbedürfnissen wie Essen, Trinken usw. ist unverzichtbar für den Genuss des Daseins. Die sexuelle Lust ist zwar natürlichen Ursprungs und bereitet Freude, ist aber im Zweifel durchaus verzichtbar. Luxusbedürfnisse gründen letztlich in Unvernunft. Sie können sogar schädliche Abhängigkeiten zur Folge haben. Somit unterscheidet sich der antike Hedonismus von dem, was man heute unter Lustmaximierung versteht.

Epikur ist der Ansicht, dass die Gesundhaltung des eigenen Körpers, der wohlwollende Umgang mit guten Freunden und der Rückzug ins Private ein glückliches Leben ausmachen. Ein einfaches und überschaubares Leben schafft Seelenruhe.

Eine andere Sichtweise der Welt, die bereits im antiken Griechenland Bedeutung erlangte, ist der Stoizismus. Stoiker, so bezeichnet man die Anhänger dieser philosophischen Denkweise, glauben an einen größeren kosmischen Zusammenhang: Eine Ordnung verbindet alles miteinander und der Mensch muss seinen Platz darin finden. Dazu benötigt man Vernunft. Das Ziel der Leidlosigkeit lässt sich durch die Kontrolle der Leidenschaften erreichen. Für Stoiker ist es wichtig, zwischen dem zu unterscheiden, was wir kontrollieren können, und dem, was sich unserer Kontrolle entzieht. Für die Dinge, die wir selbst bestimmen und gestalten können, tragen wir auch die Verantwortung. Das, was außerhalb unseres Gestaltungsbereiches liegt, sollte uns keine Sorgen bereiten (wir

Glück in der Antike: Hedonismus und Stoizismus im Vergleich

können es ohnehin nicht ändern). Somit ist vieles, was dem Zufallsglück zugeordnet wird, für Stoiker nicht von Bedeutung, weder wenn es sich um freudige Ereignisse handelt, noch wenn es um Unglücksfälle geht.
Stoiker ergeben sich ihrem Schicksal. Gleichzeitig wird alles in der Macht Stehende unternommen, um Gutes zu tun, und zwar mit großer Selbstbeherrschung und einem ausgeprägten Pflichtbewusstsein. Um wahres Glück zu erlangen, ist es notwendig, die eigenen Gefühle zu kontrollieren, insbesondere Verzweiflung, Angst, Lust und Begeisterung. Leitspruch für das Dasein ist: Führe ein einfaches Leben! Auf alles, was überflüssig ist, sollte man verzichten. Sich selbst glücklich zu fühlen, ist eine wichtige Grundvoraussetzung, um glücklich zu werden. Stoiker neigen zu Bescheidenheit, Ehrlichkeit, Empathie und Solidarität.

3. Bearbeite die folgenden Fragen stichpunktartig:
- ▷ Was versteht man unter Hedonismus?
- ▷ Was versteht man unter Ataraxie?
- ▷ Was trägt, laut Epikur, zu einem glücklichen Leben bei?
- ▷ Was versteht man unter Stoizismus?
- ▷ Wie sollte man sich als Stoiker verhalten, um glücklich zu werden?

4. Die Klasse wird in einzelne Gruppen aufgeteilt. Der eine Teil der Gruppen bearbeitet Arbeitsauftrag A, der andere Teil der Gruppen Arbeitsauftrag B.
A) Erstellt in eurer Gruppe ein Plakat zum antiken Hedonismus nach Epikur. Bereitet eine Präsentation vor.
B) Erstellt in eurer Gruppe ein Plakat zum Stoizismus. Bereitet eine Präsentation vor.

Für Schnelle:
- ▷ Erstelle eine Tabelle. Notiere in der linken Spalte alles, was im antiken Griechenland unter Lust verstanden wurde. Notiere in der rechten Spalte alles, was man heute unter Lust versteht.
- ▷ Vergleiche anschließend und achte auf Gemeinsamkeiten und Unterschiede.

Zur Vertiefung:
- ▷ Diskutiert in der Klasse die Gemeinsamkeiten und Unterschiede von Hedonismus und Stoizismus.
- ▷ Begründet, welche philosophische Strömung für euch passender erscheint.
- ▷ Erörtert im Klassenverband, ob antike Schriften auch heute noch von Bedeutung sind.

Hinweise für Lehrkräfte: Arten des Glücks

Mögliche Auflösung der Zuordnung in der Reihenfolge der Tabelle:

1. Zufallsglück, 2. Zufriedenheit, 3. Emotion, 4. Materielles Glück, 5. Soziales Glück, 6. Familienglück, 7. Negatives Glück

Die Zuordnung der Begriffe ist nicht in jedem Fall eindeutig. Dies liegt unter anderem daran, dass in jeder Situation immer mehrere Dimensionen angesprochen werden können und mitschwingen. So können die Schülerinnen und Schüler auf dieser Basis der fehlenden Eindeutigkeit (und möglicherweise auch der eigenen Verwirrung darüber) zu der Erkenntnis geführt werden, dass Glück kein eindimensionales Phänomen ist, sondern immer in komplexen Zusammenhängen steht.
Durch die Konstruktion weiterer eigener Beispiele können die Schülerinnen und Schüler weiter dafür sensibilisiert werden, wie viele unterschiedliche Möglichkeiten es gibt, von Glück zu sprechen und damit letztendlich auch Glück zu erfahren.
Weitere Begriffe, die man in diesem Zusammenhang nennen könnte, sind Lebensqualität, Wohlbefinden, Seligkeit, Ausgelassenheit. Auch aus dem Fremdsprachenunterricht können Begriffe beigebracht werden.

Arten des Glücks

1. Ordne die untenstehenden Begriffe den folgenden beispielhaften Situationen zu: Emotion, Familienglück, materielles Glück, negatives Glück, soziales Glück, Zufallsglück, Zufriedenheit

Situation	
1. Ich habe heute zufällig einen alten Freund wiedergesehen.	
2. „Und Gott sah, dass es gut war" (Gen 1,10)[1]	
3. Der Jubel der Fans über den Sieg war unbeschreiblich.	
4. Er kann sich alles leisten, was er sich wünscht.	
5. Im Kreise seiner Freunde blüht er so richtig auf.	
6. Wir freuen uns so sehr über unser erstes Kind!	
7. Ich bin heute nur ganz knapp einem Unfall entgangen.	

2. War die Zuordnung der Begriffe eindeutig? Wo gab es Schwierigkeiten? Woran könnte dies gelegen haben?

3. Gib weitere Beispiele für die aufgeführten Begriffe.

4. Kennst du weitere Begriffe, die mit dem Thema „Glück" zu tun haben? Nenne auch hier beispielhafte Situationen.

1 Die Bibel nach der Übersetzung Martin Luthers (rev. 1912) Gen 1,10. www.bibel-online.net

1.4 Glück durch materielle und immaterielle Dinge – Was braucht man, um glücklich zu sein?

Hinweise für Lehrkräfte: Was braucht man, um glücklich zu sein?

Zum Stundeneinstieg kann durch einen stummen Impuls (z.B. vierblättriges Kleeblatt, Glückspfennig usw.) relevantes Vorwissen aktiviert werden. Provokativ kann die Lehrkraft artikulieren, dass es im echten Leben vermutlich mehr braucht als einen Glücksbringer, um glücklich zu sein. Die Frage „Was braucht man, um glücklich zu sein?“ steht im Fokus dieser Unterrichtseinheit.

Die Erarbeitung erfolgt mit der Platzgitter-Methode. Diese garantiert, dass sich alle Schülerinnen und Schüler in die Gruppenarbeit einbringen und eine hohe Schüleraktivität zeigen müssen. Dieses Think-Pair-Share-Verfahren lässt individuelle Lösungsmöglichkeiten zu und ist ergebnisoffen. Während der Präsentation können seitens der Lehrkraft Stichpunkte notiert werden. Diese können anschließend in einer Wertungsphase aufgegriffen werden, beispielsweise mit der Methode „Positionslinie“: Die Klasse stellt sich an einer realen oder fiktiven Linie auf. Positioniert man sich an einem Ende, so bedeutet dies, dass man voll und ganz zustimmt. Am anderen Ende signalisiert man, dass man überhaupt nicht zustimmt. Zwischenstufen sind möglich. Nacheinander werden nun die notierten Stichpunkte der Erarbeitungsphase abgefragt und die Lerner sind dazu aufgefordert, Stellung zu beziehen. Einzelne Personen können hier ganz gezielt angesprochen werden, um ihre Begründung für die Positionierung zu erfragen.

Vermutlich werden die Schülerinnen und Schüler in dieser Unterrichtseinheit zu der Erkenntnis gelangen, dass ein Mensch nur wirklich glücklich sein kann, wenn er ein würdevolles Leben hat. Dies schließt mit ein, dass die menschlichen Grundbedürfnisse physiologischer Art gestillt sein müssen (z.B. Essen, Trinken usw.). Aber auch soziale Bedürfnisse sind essentiell, welche ein Gefühl von Geborgenheit schaffen (z.B. im Kontext der Familie). Darüber hinaus muss ein Mindestmaß an finanzieller Absicherung vorhanden sein, da ansonsten existenzielle Ängste entstehen können. Selbstverständlich müssen die gesellschaftlichen Rahmenbedingungen ein sicheres Leben gewährleisten. Was darüber hinaus zum Glücklichsein benötigt wird, ist sehr individuell und kann unter dem Begriff „Selbstverwirklichung“ subsumiert werden.

Was braucht man, um glücklich zu sein? (Arbeitsaufträge)

Beantwortet mithilfe der Platzgitter-Methode die Frage: Was braucht man, um glücklich zu sein?

1. Bildet in der Klasse mehrere Vierergruppen.
2. Jede Vierergruppe setzt sich an einen Tisch, sodass sich jeweils zwei Personen gegenübersitzen.
3. Ihr notiert nun alle im eigenen Feld eine Antwort auf die Frage, was man braucht, um glücklich zu sein.
4. Nachdem jeder von euch geschrieben hat, wird das Platzgitter um eine Position weitergedreht. Sobald alle ein Feld gelesen haben, wird weitergedreht. Dies geht so lange, bis jede Schülerin bzw. jeder Schüler alle Gruppenbeiträge gelesen hat.
5. Nun diskutiert ihr über die Beantwortung der Frage und versucht, eine gemeinsame Lösung zu erarbeiten, die für alle in Ordnung ist. Diese wird in dem freien Feld in der Mitte notiert.
6. Anschließend präsentieren die einzelnen Gruppen ihre Ergebnisse und diskutieren diese.

Was braucht man, um glücklich zu sein? (Platzgitter)

Vorlage für KV G1 in Größe DIN A3 kopieren

Hinweise für Lehrkräfte: Macht uns Geld glücklich? – Ein Interview mit dem Glücksforscher Herrn Kluge

Zum Stundeneinstieg können die bisherigen Erkenntnisse und Einsichten über Glück verbalisiert werden. Die Stundenfrage „Macht uns Geld glücklich?“ fordert eigentlich zu einer Positionierung auf. Diese kann mittels der Methode „Positionslinie“ (siehe S. 23) erfolgen oder aber auch durch Aufstehen („Ja“) und Sitzenbleiben („Nein“). Nachdem sich einige Lernende zu dieser Frage geäußert und ihre Ansicht begründet haben, erfolgt die Erarbeitungsphase anhand des fiktiven (!) Interviews mit dem erdachten Herrn Kluge.
Die Schülerinnen und Schüler können zu den folgenden Erkenntnissen gelangen:

Zusammenhänge zwischen Geld und Glück:
- ▷ Armut und Unglück hängen eng miteinander zusammen.
- ▷ Geld allein macht nicht glücklich, kein Geld zu haben macht eher unglücklich.
- ▷ Geld ist notwendig, um menschliche Grundbedürfnisse zu befriedigen.
- ▷ Mit Geld kann man sich nicht alles kaufen, was glücklich macht.
- ▷ Auch ärmere Menschen können glücklich sein.

Wissenschaftlich validierte Indikatoren für Glück:
- ▷ Bruttoinlandsprodukt
- ▷ soziale Unterstützung (familiärer Zusammenhalt, Geborgenheit, vertrauensvolle Freundschaften usw.)
- ▷ eine Erwartung an gesunden Lebensjahren
- ▷ die Abwesenheit von Korruption
- ▷ die Möglichkeit, freie Entscheidungen treffen zu können

In einer Reflexionsphase kann auch die Frage formuliert werden, was in Deutschland das Glücksempfinden in der Bevölkerung hemmt. Sicherlich können im Plenum keine verlässlichen Wahrheiten ergründet werden, aber eine anregende Auseinandersetzung mit dieser Fragestellung kann den Wunsch nach Verbesserung befördern und eine kritisch-konstruktive Einstellung begünstigen.

Macht uns Geld glücklich? – Ein Interview mit dem Glücksforscher Herrn Kluge

1. Lies das Interview aufmerksam durch!
2. Unterstreiche wichtige Informationen farbig und mit Lineal!

Interviewer: **Herr Kluge, Sie haben sich intensiv mit dem Thema Glück beschäftigt. Sie können uns bestimmt sagen, ob reiche Menschen wirklich zufriedener sind?**
Kluge: Die Forschung zeigt, dass es einen starken Zusammenhang zwischen Armut und Unglück gibt. Wer nicht weiß, wie er sich und seine Familie ernähren kann oder ob er morgen noch ein Dach über dem Kopf hat, ist tendenziell eher unglücklicher. Allerdings macht mehr Geld nur wesentlich glücklicher, bis die menschlichen Grundbedürfnisse gedeckt sind. Man kann also zusammenfassend sagen, dass Geld nicht glücklich macht, aber kein Geld zu haben macht unglücklich.

Und ab wie viel Geld kann man glücklich werden?
Das kann man pauschal nicht sagen, denn das kommt auf die Lebenshaltungskosten an, die in einem bestimmten Land aktuell vorherrschen. Wenn man dieses „Wohlfühleinkommen" hat, dann bringt aber mehr Geld nicht unbedingt mehr Glück.

Können arme Menschen überhaupt glücklich sein?
Eindeutig ja. Für das Glücksempfinden ist nicht ausschließlich Geld notwendig. Viele Dinge kann man nicht kaufen, z.B. tiefe und erfüllte Beziehungen oder sinnstiftende Aufgaben. Ohne diese Dinge ist auch der reichste Mensch unglücklich.

Und welche Landsleute sind am glücklichsten?
Laut Glücks-Index der Vereinten Nationen sind im Jahr 2019 die Finnen am glücklichsten. Bei diesem Weltglücksbericht sind hauptsächlich skandinavische Länder vorne. Am hinteren Ende sind viele Länder, die von Konflikten und extremer Armut betroffen sind.

Worauf wird bei diesem Index geachtet?
Zu den Indikatoren zählen das Bruttoinlandsprodukt, soziale Unterstützung, die Erwartung an gesunden Lebensjahren, Abwesenheit von Korruption und die Möglichkeit, freie Entscheidungen treffen zu können.

Das ist alles sehr interessant! Ich danke Ihnen für das Interview!
Ich danke Ihnen. Und nicht vergessen: Jedes Jahr am 20. März ist Weltglückstag. An diesem Tag kann und soll man sich Gedanken zur eigenen Glückssituation machen, aber auch, ob andere sich glücklich fühlen.

3. Erläutere den Zusammenhang zwischen Geld und Glück!
4. Beschreibe, welche Indikatoren für das Glücksempfinden von Bedeutung sind!

2 Glücksversprechungen

2.1 Glücksversprechungen in verschiedenen Weltanschauungen

*Hinweise für Lehrkräfte: Bruttonationalglück im buddhistischen Bhutan

Bhutan ist ein kleiner, schwer zugänglicher Staat im Himalaya und wird von China und Indien umschlossen. Mit knapp 800.000 Einwohnern wohnen in Bhutan ungefähr so viel Menschen wie in Frankfurt am Main. Seine Hauptstadt ist Thimbu. Die meisten Einwohner wohnen in kleinen ländlichen Siedlungen. Es gibt kaum Straßen oder Fahrzeuge. Die Regierungsform ist eine konstitutionelle Monarchie.

Obwohl es sich bei Bhutan um einen buddhistisch geprägten Staat handelt, ist dies an der Zusammensetzung des Index nur an wenigen Stellen zu erahnen. So ist die Forderung nach einer Zufriedenheit mit den Lebensumständen zwar eine buddhistische Grundhaltung, als Abfrage für einen Index könnte dieser Punkt aber genauso gut in einem westlich geprägten Fragebogen stehen. Allerdings kann das Interesse an positiven und negativen Gefühlen, an Spiritualität, aber auch an dem Umgang mit Natur und Umwelt als buddhistisch interpretiert werden. Als weiteren buddhistischen Aspekt kann man auch die Gesamtheit des Index, seine holistische Absicht bewerten.

„Dirglam Namzha“ – weniger Buddhismus typisch als vielmehr ethnisch bestimmt – stellt einen Verhaltenskodex und eine Kleiderordnung dar und ist damit vergleichbar mit unserem Knigge. Die klassischen 13 Künste umfassen Handwerkskünste wie Töpfern, Weben, Schnitzen etc. und werden u. a. in der gleichnamigen Schule in der Hauptstadt gelehrt.

Der Vergleich mit dem amerikanischen Recht auf Streben nach Glück sollte herausarbeiten, dass es im amerikanischen Fall lediglich um die Bedingungen der Möglichkeit geht, während das bhutanische Modell die tatsächliche Verwirklichung im Blick hat. Während letzteres die staatliche und gemeinschaftliche Verantwortung betont, liegt bei den Amerikanern die Betonung auf der Eigenverantwortung und Freiheit des Einzelnen.

Weiterführende Fragestellungen:

1. Der Staat gibt Kategorien für die Bewertung von Glück vor. Wie ist diese Einmischung des Staates in die persönliche Lebensführung zu werten? Ist es eine Bevormundung? Oder ist es eine angebotene Hilfestellung?
2. Angenommen, die 33 Komponenten können zuverlässig erhoben werden. Ist die dadurch errechnete Zahl ein Maß für dein persönliches Glück?
3. Was geschieht mit der persönlichen Freiheit, wenn man Glück an messbare Indikatoren bindet?

Bruttonationalglück im buddhistischen Bhutan (Hintergrundinformationen)

Bhutan ist ein buddhistisch geprägtes Land in Südasien. Schon im 18. Jahrhundert stand in der damaligen Verfassung eine Passage, die erklärte, dass eine Regierung, die dem Volk nicht zum Glück verhelfe, keine Existenzberechtigung habe. Auf dieser Tradition fußend sprach 1979 erstmals der König Bhutans davon, dass man in Bhutan nicht das Bruttosozialprodukt, sondern das Bruttonationalglück (Gross National Happiness, GNH) als Maßstab für Wohlstand und Entwicklung des Landes ansehe.
Was braucht man, um glücklich zu sein? Diese Frage beantwortete der Staat Bhutan mit einem Vier-Säulen-Modell, das die Grundlage für die Bestimmung des Bruttonationalglücks bildet. Dieses Modell ist auch Grundlage des Unterrichts zum Bruttonationalglück in den Schulen des Landes.
Heute kümmert sich eine eigens dafür eingerichtete Kommission darum, Daten zu erheben, um daraus einen Index (GNH-Index) zu erstellen. Dieser Index besteht aus 33 einzelnen Komponenten, die neun Bereiche abdecken, die zusammen die vier Säulen soziale und wirtschaftliche Entwicklung, Bewahrung der Umwelt, kulturelle Förderung und gute Regierungsführung bilden.

Bruttonationalglück im buddhistischen Bhutan (Arbeitsaufträge)

1. Schlage die geographische Lage Bhutans im Atlas nach und trage auch aus anderen Quellen weitere Länderinformationen zusammen.
2. Betrachte untenstehende Liste der 33 Komponenten des Glücksindex'. Welche Komponenten hättest du auch aufgenommen? Welche kommen dir seltsam oder unverständlich vor? Welche hättest du weggelassen? Welche vermisst du?
3. Bhutan ist ein überwiegend buddhistisches Land. Kannst du das an Komponenten des Glücksindex' festmachen?
4. Die amerikanische Unabhängigkeitserklärung fordert für jeden Menschen das Recht auf Streben nach Glück. Vergleiche mit dem bhutanischen Modell.

Liste der 33 Komponenten für die Berechnung des GNH-Index

1. Zufriedenheit mit den Lebensumständen
2. positive Gefühle
3. negative Gefühle
4. Spiritualität
5. Gesundheit (Selbsteinschätzung)
6. gesundheitlich beschwerdefreie Tage
7. Behinderungen
8. geistige Gesundheit
9. Alphabetisierung
10. Schulbildung
11. Kenntnisse und Fähigkeiten
12. Werte
13. klassische 13 Künste
14. kulturelle Teilnahme
15. Verwendung der Muttersprache
16. Dirglam Namzha
17. Arbeitszeit
18. Ruhezeit
19. politische Teilnahme
20. öffentliche Dienste
21. Regierungsarbeit
22. Grundrechte
23. Spendenbereitschaft
24. Sicherheit
25. Gemeinschaftsbeziehungen
26. Familie
27. Schäden an der freien Natur
28. städtische Probleme
29. Verantwortung gegenüber der Umwelt
30. ökologische Probleme
31. pro Kopf Einkommen
32. Vermögen
33. Wohnung

*Hinweise für Lehrkräfte: Die Seligpreisungen der Bergpredigt

Während in der antiken, Griechisch sprechenden Umwelt des Neuen Testamentes als Begriff für Glück und Glückserfahrung die Begriffe *eudaimonía* (Glückseligkeit) – insbesondere bekannt durch die Ethik des Aristoteles (384–322 v. Chr.) – aber auch *hedoné* (Lustgefühl) – bekannt durch die Philosophie des Epikur (ca. 341–271/270 v. Chr.) – in Gebrauch waren, verzichtet das Neue Testament fast gänzlich auf diese Begriffe und verwendet stattdessen *makários*, welches die Bibelübersetzungen zumeist mit „selig“ wiedergeben.
Diese Übung können die Schüler*innen allein oder auch in Kleingruppen (2 bis 4 Personen) bearbeiten. Es ist möglich, jeweils eine Seligpreisung einer Gruppe zuzuteilen und diese anhand der vorgeschlagenen Fragen bearbeiten zu lassen. Dies kann aber auch in Form eines Platzgitters (vgl. dazu KV G2, S. 25 mit Kopiervorlage) geschehen.
Es mag hilfreich sein, grob die Struktur der Seligpreisungen mit den Schüler*innen zu besprechen. (1) Vorangestellt ist ein Zuspruch („selig“), der sowohl präsentisch als auch futurisch (eschatologisch) gelesen werden kann. (2) Es folgt als Kondition eine Lagebeschreibung einer Gruppe von Menschen, die entweder in einer schwierigen Lage stecken oder Besonderes leisten. (3) Abgeschlossen wird jede Seligpreisung mit einer Verheißung, die auf eine Wirklichkeit verweist, die jenseits aktueller Problemlösungsmöglichkeiten liegt.

In ihren Bearbeitungen sollten die Schüler*innen insbesondere Wert auf die Klärung der verwendeten Begriffe legen (was heißt selig, arm, arm vor Gott, satt werden, Gott schauen? etc.), sowie den Zusammenhang zwischen Bedingung und Folge herausarbeiten.

Weiterführende Fragestellungen

1. Bezieht sich „selig“ auf einen gegenwärtigen oder einen zukünftigen Zustand? Gib Argumente für beide Sichtweisen.
2. Inwiefern lassen sich die Seligpreisungen als eschatologische Verheißungen klassifizieren? Schlage den Begriff „Eschatologie“ nach und suche weitere eschatologische Bibelstellen.
3. a) Warum verwendet die Bibel lieber selig/*makários* als das etablierte Glückseligkeit/*eudaimonía*? Schlage beide Begriffe in Fachlexika und/oder Wörterbüchern nach und arbeite die Gemeinsamkeiten und Unterschiede heraus.
3. b) Welchen Begriff würdest du bevorzugen, wenn du über Glück sprichst? Gib Gründe für deine Entscheidung an.
4. Die abgedruckte Bibelstelle folgt einer 1912 revidierten Übersetzung von Martin Luther. Dementsprechend erscheinen manche Formulierungen etwas ungewöhnlich. Vergleiche diese Übersetzung mit der Übersetzung anderer Bibelausgaben (z. B. Einheitsübersetzung, Elberfelder-Bibel, Kinderbibeln, freiere Übertragungen). Berücksichtige dabei sowohl die Struktur (Zuspruch – Kondition – Verheißung) als auch die Wortwahl. Was fällt dir an der Wortwahl, was am Inhalt auf? Diskutiere die Unterschiede.

Die Seligpreisungen der Bergpredigt

Mt 5,3-12 par Lk 6,20-26

Der Evangelist Matthäus berichtet davon, dass viele Menschen Jesu Verkündigung hören wollten und ihm folgten. Als Jesus die große Menge sah, stieg er auf einen Berg und hielt eine lange Rede, die als „Bergpredigt" bekannt geworden ist. Am Beginn dieser Bergpredigt stehen die acht Seligpreisungen.

1. Selig sind, die da geistlich arm sind; denn das Himmelreich ist ihr.
2. Selig sind, die da Leid tragen; denn sie sollen getröstet werden.
3. Selig sind die Sanftmütigen; denn sie werden das Erdreich besitzen.
4. Selig sind, die da hungert und dürstet nach der Gerechtigkeit; denn sie sollen satt werden.
5. Selig sind die Barmherzigen; denn sie werden Barmherzigkeit erlangen.
6. Selig sind, die reines Herzens sind; denn sie werden Gott schauen.
7. Selig sind die Friedfertigen; denn sie werden Gottes Kinder heißen.
8. Selig sind, die um Gerechtigkeit willen verfolgt werden; denn das Himmelreich ist ihr.[1]

A

1. **1.** Was stellst du dir unter dem Begriff „selig" (griechisch *makários*) vor?
2. **2.** In welcher Lage befinden sich die Menschen, die in der Seligpreisung angesprochen werden? Welche Schwierigkeiten haben sie und welche Lösungsmöglichkeiten kannst du dir für sie vorstellen, wenn es die Bergpredigt nicht gäbe?
3. **3.** Wie sieht die versprochene Verheißung aus? Ist sie eine angemessene „Belohnung" für die ausgehaltene Schwierigkeit?
4. **4.** Stell dir vor, du möchtest selig werden und hast die acht Seligpreisungen als mögliche Wege zur Seligkeit. Welchen Weg würdest du wählen? Gib Gründe dafür an und berücksichtige dabei sowohl die Schwierigkeit als auch die Verheißung.

1 Die Bibel nach der Übersetzung Martin Luthers (rev. 1912), Mt 5,3-12. www.bibel-online.net

2.2 Glücksversprechungen in der Werbung

Hinweise für Lehrkräfte: Glücksversprechungen in der Werbung

Vorbereitung:
Zur Vorbereitung der Stunde erhalten die Schüler*innen den Arbeitsauftrag, Werbebilder und Werbesprüche aus verschiedenen Quellen (Zeitung, Zeitschrift, Internet, Fernsehen, Straßenplakate usw.) zu sammeln und soweit möglich mitzubringen. Diese Sammlung allein schon zeigt auf, in welch unterschiedlichen medialen Formaten Werbung auf uns einströmt. So sollten die Schüler dazu ermutigt werden, die einzelnen Werbeanzeigen auch in den verschiedenen Formaten mitzubringen. Soweit die technischen Voraussetzungen der Schüler*innen und des Unterrichts dies zulassen, können nicht nur ausgeschnittene oder kopierte Printanzeigen präsentiert werden, sondern auch Fotos eines Stadtrundgangs, Mittschnitte einer Fernsehwerbung oder Clips und animierte Bilder aus dem Internet. Um dem Fall vorzubeugen, dass das von den Schülern mitgebrachte Material unzureichend ist, empfiehlt es sich, dass die Lehrkraft selbst auch einige geeignete Beispiele mitbringt, die dann in diesem Fall bearbeitet werden können.

Arbeitsweise:
Die gesammelten Werbebilder können einzeln von den Schüler*innen präsentiert oder auch in Form eines Gallery-Walk bzw. mit der Platzgitter-Methode (siehe KV G2, S. 25) kommentiert werden. Im ersten Fall kann man in der ganzen Klasse sofort ein einzelnes Bild besprechen. Im zweiten Fall können die gesammelten Kommentare vorgestellt und diskutiert werden.

Analysemethode:
Es ist sinnvoll, ein oder zwei Bilder genauer zu besprechen. Eventuell bereits in anderen Fächern (Deutsch, Kunst, Geografie) erworbene Fähigkeiten der Bildbeschreibung und Bildanalyse können hier abgerufen und angewendet werden. Dabei sollte man auf Folgendes achten: Wofür wird geworben (Produkt, Firma, Tätigkeit usw.)? Ist das Produkt dargestellt? Sind Menschen zu sehen? Welche? Wie viele? Gibt es einen Hintergrund? Wie sieht er aus? Welche Farben werden verwendet? Wie ist das Verhältnis von Bild und Schrift? Wie groß ist das Produkt dargestellt? Wie ist das Verhältnis zu den anderen Bildelementen?

Ergebnisse:
Im Allgemeinen werden die Schüler*innen diesen Bildern entnehmen können, dass positive Emotionen geweckt werden sollen, die den Eindruck vermitteln, durch den Erwerb von Dingen oder Dienstleistungen das eigene Glück erwerben, wiederherstellen oder steigern zu können. Das kann ein bestimmter Gegenstand sein, wie Eis oder Schokolade, das kann ein bestimmter Ort sein, an dem man sich wohlfühlt – sei es zum Einkaufen, sei es zum Erholen, sei es zum Wohnen – oder das kann das Erlebnis des Einkaufs oder der Nervenkitzel der Erfahrung (Glückspiel, Zigarette, Fußballspiel usw.) selbst sein. Selbst Anzeigen für caritative Zwecke werben mit dem Anspruch, das Glück – in diesem Fall das Glück anderer Menschen – herstellen oder steigern zu können.

Glücksversprechungen in der Werbung

Die Bilder und Worte der Werbung begegnen uns täglich: Beim Gang durch die Stadt, beim Blättern in einer Zeitschrift, beim Surfen im Internet, beim Fernsehen. Manchmal ist es schon das Lächeln einer Frau, das signalisieren soll: Mit unserem Produkt geht es dir gut. Wenn du es kaufst, wird dein Leben besser, reicher, zufriedener und du wirst ein glücklicher Mensch. Vielleicht sind es zwei gute Freundinnen, die auf dem Plakat eines Einkaufzentrums verkünden: „Heute kaufen wir uns glücklich!" Oder es ist die Werbung für eine Nascherei, die uns suggeriert: „Glück ist käuflich!" Nicht selten finden wir auch die Verbindung von Glücksgefühlen mit dem Zufallsglück: Sei es als Werbung für Online-Glücksspiele, sein Glück durch das Drücken auf den Online-Button zu finden oder als Aufforderung zum Lottospielen, um die eigene Postleitzahl zu verändern, wenn man doch so sein Glück in die eigene Hand nehmen kann. Selbst in der Zigarettenwerbung werden happy und lucky mit einander verbunden. Aber auch in der Partnervermittlung – so verspricht die Werbung – kann man sein Glück finden.

1. Sammle verschiedene Werbeanzeigen, in denen Glück oder Glücklichsein thematisiert wird oder als Motiv dient, um ein Produkt oder eine Dienstleistung zu bewerben.
2. Überlege, welche Beziehung zwischen dem beworbenen Produkt und dem persönlichen Glück besteht und auf welche Weise diese Übertragung geschehen soll.
3. Geht es in den gesammelten Fällen nur um Wohlfühlglück oder werden auch andere Ebenen angesprochen?
4. Liegt die Betonung der Werbung auf dem Mittel oder auf dem zu erreichenden Glückszustand? Warum, glaubst du, ist das so?
5. Kreiere zu einem vorgegebenen Produkt Werbeslogans oder Werbetexte, die zeigen, dass Erwerb und Besitz dieses Produkts das Leben reicher, wertvoller oder glücklicher machen. Schaffst du das auch, ohne das Wort „Glück" oder seine Ableitungen und Synonyme zu verwenden?

2.3 Glücksversprechungen durch Grenzerfahrungen

Hinweise für Lehrkräfte: Der Mensch am Sprungturm

Zu Beginn der Unterrichtsstunde äußern sich die Schülerinnen und Schüler zu der Frage, ob sie schon mal etwas besonders Aufregendes erlebt haben, wie z. B. einen Bungeesprung oder die Fahrt mit einer speziellen Achterbahn usw. Die Lernenden beschreiben ihre Eindrücke und Erlebnisse. Dabei sollen sie auch auf die außergewöhnlichen Gefühle eingehen. In der Erarbeitungsphase beschäftigt sich die Lerngruppe in Einzel- und Partnerarbeit mit dem Text „Der Mensch am Sprungturm“.

Die Schülerinnen und Schüler beantworten die folgenden Fragen:

Warum stellt der Zehnmeterturm eine Grenzerfahrung dar?
Der Zehner stellt für viele Menschen eine Herausforderung dar. Sie müssen innere Widerstände überwinden. Dabei kommen sie möglicherweise an ihre eigenen Grenzen und lernen sich somit besser kennen.

Was passiert im Gehirn eines Menschen, wenn dieser sich aus großer Höhe in die Tiefe stürzt?
Der Mensch wird mit Hormonen überschüttet, insbesondere mit Dopamin, einer körpereigenen Glücksdroge.

Wie nennt man Menschen, die häufig aufregende „Kicks“ suchen?
Man nennt sie „Novelty-Seeker“. Sie verfügen über weniger Dopamin-Rezeptoren im Gehirn und benötigen daher ein höheres Erregungslevel.

Was ist der Unterschied zwischen Kairos und Chronos?
Kairos heißt in der griechischen Mythologie jener Moment, in dem alles passt. Es ist der richtige Zeitpunkt für eine Entscheidung. Kairos ist der Gegenspieler von Chronos, und beide wurden von den Altgriechen als Gottheiten verehrt. Während man Chronos mit der Lebenszeit assoziierte, ist Kairos der günstige Augenblick.

Anregung
In der Reflexionsphase muss der Zusammenhang zwischen dauerhaftem Glück und Glücksgefühlen verbalisiert werden. Der Text zeigt sehr deutlich, dass Glücksgefühle ganz erheblich von neurobiologischen Begebenheiten beeinflusst werden. Zudem können manche Schülerinnen und Schüler auch zur Erkenntnis gelangen, dass die Jagd nach dem nächsten Kick nicht zu einem höheren Glück führt, sondern vermutlich das Gegenteil bewirkt. An dieser Stelle ist es vielleicht auch sinnvoll, noch einmal auf die verschiedenen Formen des Glücks (Zufallsglück, Wohlfühlglück, Glück der Fülle) zu sprechen zu kommen.

Der Mensch am Sprungturm (Arbeitsaufträge)

1. Lies den folgenden Text aufmerksam durch!
2. Unterstreiche wichtige Informationen farbig und mit Lineal!

Vermutlich jeder von uns kennt die Situation: Ein gut besuchtes Freibad und der Gang zum Zehnmeterturm. Die Herausforderung, wenn der Dreier und der Fünfer bereits bekannt sind. Der Kick, das Höchste der Gefühle im Schwimmbecken vor Ort.
Am Sprungbrett trennt sich häufig die Spreu vom Weizen. Nicht selten macht der ein oder andere einen Rückzieher. Oder aber man überwindet die Sorgen und Ängste und fühlt sich nach erfolgreichem Sprung wie neugeboren. Für einige ist der Zehner fast schon zu fad. Der Fall in die Tiefe ist nicht wesentlich mehr als ein Hopser vom Beckenrand.
Aber warum ist dies so? Warum fällt es manchen schwer zu springen und für andere ist es das Natürlichste der Welt? Was passiert eigentlich, wenn man oben am Abgrund steht?
Das Stehen am Brettrand ist sowohl körperlich als auch psychisch eine Grenze. Auf der einen Seite ist man in ziemlicher Sicherheit, man hat festen Boden unter Füßen. Aber nur ein paar Zentimeter entfernt wartet der freie Fall. Das Sprungbrett ist der Übergang zwischen Sicherheit und Ungewissheit, zwischen Vertrautem und Unbekanntem. Tausend Gedanken schießen einem auf einmal durch den Kopf: Wie muss ich abspringen? Wie muss ich eintauchen? Was ist, wenn ich einen Rückzieher mache? Haben die hinter mir schon gedrängelt? Werde ich ausgelacht, wenn ich mich nicht traue? Bin ich ein Feigling, wenn ich nicht springe? Ist es wirklich so ein geiles Gefühl, wie behauptet wird? Oder ist das alles nur Show?

3. Bearbeite die folgenden Fragen schriftlich:
   - ▷ Warum stellt der Zehnmeterturm eine Grenzerfahrung dar?
   - ▷ Was passiert im Gehirn eines Menschen, wenn dieser sich aus großer Höhe in die Tiefe stürzt?
   - ▷ Wie nennt man Menschen, die häufig aufregende Kicks suchen?
   - ▷ Was ist der Unterschied zwischen Kairos und Chronos?
4. Vergleiche deine Ergebnisse mit deinem Partner oder deiner Partnerin und ergänzt Fehlendes!
5. Diskutiere mit deinem Partner oder deiner Partnerin den Zusammenhang zwischen einem hormonellen Hochgefühl und Glück. Notiert eure Gedanken stichpunktartig!

Für Schnelle:
Beschreibe weitere Beispiele, bei denen Menschen Grenzerfahrungen suchen, um sich glücklich zu fühlen.

Der Mensch am Sprungturm (Text)

Bei Grenzerfahrungen wird das menschliche Gehirn mit verschiedensten Hormonen geflutet. Neben ***Dopamin***, das Motivation und Antrieb steigert und als Glückshormon gilt, sowie ***Kortisol***, das Energie freisetzt, wird ***Adrenalin*** ausgeschüttet, die den Körper in höchste Aufregung versetzen. Ein Ausnahmezustand, ein chemisches Feuerwerk im Kopf entwickelt sich, das kaum im Alltag auftritt. Und genau diese Stress- und Glückshormone, die nahezu gleichzeitig für das geistige Chaos verantwortlich sind, machen den besonderen Reiz aus.

Nach dem Sprung das Gefühl von Stolz: Ich habe es geschafft! Ich hab's drauf!

Diese besondere Emotionalität macht den Zehner nicht nur zu einer Freizeiteinrichtung, in der man Spaß hat oder sich mit Freunden trifft, sondern zu einer Einrichtung, in der man innerlich wachsen kann.

Doch wie so oft in dieser Welt ist nicht alles Gold, was glänzt: Nicht jeder Mensch reagiert gleichermaßen auf den Zehner. Für viele Menschen kostet der Sprung Überwindung. Umso glücklicher fühlen sich diese, wenn alles gut gelaufen ist. Aber anderen reicht dieser Kick nicht aus. Sie suchen eine neue Grenzerfahrung und dann wieder eine und dann die nächste. Vom Zehner zum Bungeesprung, zum Basejump usw.

Diese Risiko-Sucher (*novelty-seeker*) verfügen aus neurobiologischer Sicht über andere Verschaltungen. Der Hormonhaushalt und die Aufnahme von diesen Botenstoffen im Gehirn sind anders als beim Rest der Menschen, da sie über weniger Dopamin-Rezeptoren verfügen. Die körperlichen Voraussetzungen bestimmen über ihr Verlangen und ihre Wünsche. Es erscheint daher auch nicht verwunderlich, dass die Risiko-Sucher nicht nur häufiger extreme Sportarten betreiben, sondern auch häufiger an Glücksspielen teilnehmen oder Drogen konsumieren (von denen manche die Wirkung von Dopamin verstärken, z.B. Kokain). Für sie erscheint es besonders wichtig, die vorhandene Lebenszeit zu nutzen und das Maximum aus der Zeit herauszuholen. Zeit soll nicht „verschenkt" werden, sondern dem Einzelnen Wohlbefinden liefern. Aber was ist Zeit?

Die „alten Griechen" kannten für die Zeit zwei verschiedene Wörter. Zum einen „Chronos", den Ablauf der Zeit, und zum anderen „Kairos", den richtigen Zeitpunkt. Der richtige Zeitpunkt ist der günstige Zeitpunkt für eine Entscheidung. Wenn man diesen verstreichen lässt, dann verpasst man eine glückliche Gelegenheit, vielleicht muss man sogar mit Nachteilen rechnen.

Risiko-Sucher sind auf der Suche nach Kairos, aber es gelingt ihnen nicht. Immer und immer wieder müssen sie Grenzerfahrungen suchen. Das Glück stellt sich dabei aber nicht ein.

*Hinweise für Lehrkräfte: Grenzerfahrungen – Unsere Sehnsucht nach Lebendigkeit

Zu Beginn der Stunde äußern die Schülerinnen und Schüler ihr Vorwissen zum Begriff „Grenzerfahrung“ und wiederholen das Gelernte der Vorstunde.
Zur Vertiefung des Themas eignet sich das Interview mit Herrn Hager. Darin werden verschiedene Fragen beantwortet.

1. Warum suchen Menschen Grenzerfahrungen?

- Sie haben einen starken Wunsch nach einer Transzendenzerfahrung, also nach Erlebnissen außerhalb der sichtbaren Erfahrungswelt.
- Menschen sehnen sich danach, auszubrechen aus den oftmals engen Mauern, welche die Gesellschaft und wir selbst uns erschaffen haben.
- Der menschliche Geist, unsere Seele und unser Körper sollten gleichermaßen gefordert und gefördert werden.
- Menschen wollen sich lebendig fühlen.

2. Welche Grenzerfahrungen hat Herr Hager gemacht?

- „Ich bin im Outback von Australien um Haaresbreite auf eine tödliche Schlange getreten, wurde in Grönland mit dem Motorboot von Eisschollen eingeklemmt, habe mich in Schottland in einem Schneesturm verirrt und kämpfte mit Angst und Einsamkeit. Die schwierigste Grenzerfahrung erlebte ich aber nicht aufgrund von Naturgewalten. Es war der scheinbar endgültige Bruch in meiner langjährigen Beziehung.“

3. Wie soll man angemessen mit Grenzerfahrungen umgehen?

- Grenzerfahrungen als Chance zu begreifen: An ihnen kann man wachsen und sich weiterentwickeln.
- In Grenzerfahrungen kann man Möglichkeiten sehen, sich selbst zu erkennen (Stärken und Schwächen).
- Man kann auf Gott vertrauen und sich „begleiten“ lassen.

Die Frage, ob nur Menschen, die an Gott glauben, von Grenzerfahrungen profitieren können, lässt sich zwar knapp mit einem Nein beantworten, jedoch würde diese Antwort negieren, dass Grenzerfahrungen transzendente Bezüge schaffen. Gläubige Menschen können wahrscheinlich eine Vertiefung des Glaubens und einen Zuwachs an Spiritualität erleben, was anderen Personen schlichtweg in dieser Form nicht möglich ist. Dies ist nicht besser oder schlechter, sondern lediglich anders.

Weiterführende Aufgaben:

- Beschreibe eine Grenzerfahrung, die du selbst gemacht hast (oder eine Grenzerfahrung von jemandem, den du richtig gut kennst). Hat dich diese in deiner Entwicklung weitergebracht? Erkläre!

oder

- Beschreibe einen „richtigen“ Lebensstil stichpunktartig!

Grenzerfahrungen – Unsere Sehnsucht nach Lebendigkeit

1. Lies das folgende Interview aufmerksam durch!
2. Unterstreiche wichtige Informationen farbig und mit Lineal!

Interview mit Marcel Hager

Das Leben ist ein Risiko. Kein Mensch weiß, was morgen sein wird. Wir sichern uns ab, wo es geht. In diesen „schützenden" Mauern fühlen wir uns dann gefangen und versuchen, auszubrechen – vor allem Männer, wie der Coach und Referent Marcel Hager aus eigener Erfahrung weiß. Über die unfreiwilligen Grenzerfahrungen im Leben sagt er: „Gott will uns hindurchführen – und erneuern."

Jesus.ch-Print: ***Kleinkinder loten ihre Grenzen aus – Erwachsene manchmal auch. Was treibt uns Menschen an, Grenzerfahrungen freiwillig zu suchen?***

Marcel Hager: Es ist der starke Wunsch nach einer Transzendenzerfahrung, also Erlebnissen außerhalb der sichtbaren Erfahrungswelt. Wir sehnen uns danach, auszubrechen aus den oftmals engen Mauern, welche die Gesellschaft und wir selbst uns erschaffen haben. Unser Geist, unsere Seele und unser Körper sollten gleichermaßen gefordert und gefördert werden. Doch wir kleben immer mehr hinter unseren Schreibtischen und vor den Bildschirmen. Unser Leben ist voller Sicherheitsgurte: Alarmanlagen hier und dort, Versicherungen für dieses und jenes. Unsere Altersvorsorge ist geregelt, ja sogar unser iPhone auf Glasbruch versichert. Das ist nicht mehr natürlich und wir vermissen unsere Lebendigkeit. Je grösser die Kontrolle im Leben, desto stärker die Sehnsucht, auszubrechen. Die Balance fehlt. Insbesondere Männer kompensieren dies, indem sie überhöhtes Risiko und Gefahren bewusst suchen und in Kauf nehmen. Sie wollen das Leben nicht verlieren, sondern sich lebendig fühlen.

Kennen Sie unfreiwillige Grenzerfahrungen im Leben und wie sind Sie damit umgegangen?

Ich bin im Outback von Australien um Haaresbreite auf eine tödliche Schlange getreten, wurde in Grönland mit dem Motorboot von Eisschollen eingeklemmt, habe mich in Schottland in einem Schneesturm verirrt und kämpfte mit Angst und Einsamkeit. Die schwierigste Grenzerfahrung erlebte ich aber nicht aufgrund von Naturgewalten. Es war der scheinbar endgültige Bruch in meiner langjährigen Beziehung (heute sind wir glücklich miteinander verheiratet). Ich habe mich – nicht immer freiwillig – der Verzweiflung und meinen Ängsten gestellt und zu Gott geschrien: «Gott, wo bist du?›» Und ich habe erlebt, dass Gott schon auf mich gewartet hat. Schmerzen wurden mir nicht erspart, dennoch hat Gott mich liebevoll durch diese Grenzerfahrungen hindurch begleitet. Er hat mir falsche Lebensstile und Denkmuster aufgezeigt. Mit seiner Hilfe konnte ich sie Schritt für Schritt korrigieren.

Grenzerfahrungen – Unsere Sehnsucht nach Lebendigkeit

Was raten Sie im Rahmen Ihrer Coaching-Tätigkeit Menschen, die an ihre Grenzen stoßen?

Nutzen Sie diese Zeit! Grenzerfahrungen sind Möglichkeiten für Veränderung. Wachstum geschieht dort, wo wir die Kontrolle verlieren. Wir können uns dem Prozess stellen oder ihn verzögern. Doch wenn wir das echte Leben suchen, gibt es keinen anderen Weg, als von Zeit zu Zeit dunkle Täler zu durchschreiten oder stürmische Seen zu überqueren – sei das physisch oder psychisch. Genau diese Zeiten offenbaren, was in uns steckt. Die Stärken werden gestärkt und die Schwächen verlieren ihr Gewicht.

Welche Personen in der Bibel haben Grenzerfahrungen erlebt? Was können wir von ihnen lernen?

Die Bibel steckt voller Grenzerfahrungen. Daniel in der Löwengrube (Daniel, Kapitel 6), seine Freunde im Feuerofen (Daniel, Kapitel 3, Verse 1-30), Mose geht durch die Wüste (ab 2. Mose, Kapitel 13, Vers 17), David wird verfolgt (1. Samuel, Kapitel 23), Jona von einem Fisch verschluckt (Jona, Kapitel 1), die Freunde von Jesus sollen auf Schlangen und Skorpione treten (Lukas-Evangelium, Kapitel 10, Verse 19-20)… Gottes Wege scheinen unmöglich und voller Herausforderungen. Doch es waren diese Erfahrungen, welche die Menschen näher zu Gott und zu sich selber brachten. Ihr Glaube und ihre Persönlichkeit wurden wiederhergestellt. Das können wir auch heute noch erleben. Wenn wir Gott in Grenzerfahrungen an unsere Seite lassen, wird er uns verändern und erneuern. Auf der anderen Seite der Schlucht wartet neues Land. Seien Sie mutig und stark und lassen Sie sich von Gott hindurchführen. […]

Manuela Herzog (2018): Interview mit Marcel Hager. Jesus.ch Printausgabe Print Nr. 47 zum Thema „Grenzerfahrungen". https://www.livenet.ch/magazin/gesellschaft/christen_in_der_gesellschaft/331986-unsere_sehnsucht_nach_lebendigkeit.html (aufgerufen am 17.08.2020)

1. Beschreibe, warum Menschen Grenzerfahrungen suchen!
2. Benenne mehrere Grenzerfahrungen, die im Interview angeführt werden!
3. Erläutere Empfehlungen, die Herr Hager gibt, um angemessen mit Grenzerfahrungen umzugehen!
4. Recherchiere in der Bibel nach einer Stelle, die von Herrn Hager benannt wird. Begründe, ob diese Bibelstelle für dich persönlich eine Bedeutung hat!
5. Vergleiche deine Ergebnisse mit deinem Partner!
6. Diskutiere mit deinem Partner, ob nur Menschen von Grenzerfahrungen profitieren können, die an Gott glauben. Notiert eure Gedanken stichpunktartig.

2.4 Glücksversprechungen durch Veränderungen der Lebensumstände

Hinweise für Lehrkräfte: Der Aufbruch der Mayflower

Die Pilgerväter gehörten zu einer radikalen puritanischen Splittergruppe, die sich völlig von den übrigen calvinistischen Gemeinden losgesagt hatten. Sie vertraten eine Ethik, die einerseits vollen Einsatz von jedem Gläubigen an seinem Platz verlangte, aber andererseits alles von der Gnade Gottes abhängig machte.

In der Neuen Welt hofften sie, einen Ort zu finden, an dem sie ihren Glauben frei von den Zwängen der englischen Staatskirche und den Anfechtungen des modernen Lebens ausüben konnten.

Die zahlreichen Unwägbarkeiten einer Schiffsreise (Güte des Schiffes, hinreichender Proviant, zuverlässige Schiffleute, Wetter, Navigation) mögen vielleicht uns als Zufall erscheinen, waren aber für die Pilgerväter göttliche Fügung, Belohnung für gutes Verhalten oder aber Bestrafung für die Schlechten bzw. Prüfung für die Guten. Da Gott auf ihrer Seite war, war auch das Glück auf ihrer Seite.

Auch wenn besonders der Anfang vielleicht kein „glücklicher“ war (Landung an der falschen Stelle, baldiger und strenger Winter), so hatten sie doch das Glück der Unterstützung durch Einheimische und das Gedeihen ihrer kleinen Gemeinschaft in den Jahren danach.

Der Aufbruch der Mayflower

Im Jahr 1620 brach die Mayflower, ein ehemaliges Handelsschiff vom Typ Fleute, von Plymouth in Südwestengland aus auf, um eine Handvoll Kolonisten in die Neue Welt, nach Nordamerika zu bringen. An Bord war eine Gruppe von Siedlern, die später unter dem Titel „Pilgerväter/*pilgrim fathers*“ Berühmtheit erlangen sollten.
Wegen ihrer besonders radikalen puritanischen Religiosität waren sie in England Verfolgung und Schikanen ausgesetzt gewesen. Deswegen hatte sich eine Gruppe in die in religiöser Hinsicht toleranteren Niederlande aufgemacht und dort niedergelassen. Jedoch konnten die Pilgerväter dort nicht recht Fuß fassen und mussten zudem befürchten, dass die liberale Zeit in den Niederlanden bald zu Ende gehen würde. So hatten sie ihr Vermögen zusammengelegt, um zumindest einem Teil ihrer Glaubensgemeinschaft die riskante Überfahrt über den Atlantik zu ermöglichen. Kurz bevor sie die nordamerikanische Küste erreichten, verfassten und unterschrieben sie eine Satzung, die als „Mayflower-Vertrag“ in die Geschichte eingegangen ist. Sie schufen damit das Prinzip, dass die Basis einer Regierung die Zustimmung der Regierten sein soll. Unter Wahrung dieses Prinzips wurde sie später zum Vorbild der amerikanischen Unabhängigkeitserklärung. Bei der Ankunft mussten sie feststellen, dass sie nicht an der vorgesehenen Stelle würden landen können, deshalb beschlossen sie, sich weiter nördlich in Neuengland niederzulassen. Kurz nach der Ankunft erhielten sie Kontakt zu den Einheimischen, die ihnen Hilfe und Unterstützung zuteilwerden ließen, so dass sie den strengen Winter überstehen konnten. Aus Dankbarkeit feierten sie zusammen ein Fest, aus dem sich das noch immer gefeierte traditionelle Thanksgiving-Fest entwickelte.

1. Was suchten die Passagiere der Mayflower in der Neuen Welt?

2. Die Reise hing von vielen Unwägbarkeiten ab.
   a. Überlege, wo der Zufall eine Rolle gespielt haben könnte.
   b. Erkläre, warum die Pilgerväter diese Umstände vermutlich nicht als Zufall ansehen konnten. (Es mag hilfreich sein, dafür die Begriffe „Pilgerväter“ und „Puritaner“ nachzuschlagen.)

3. Haben sie schließlich in der Neuen Welt ihr Glück gefunden?

3 Glück erleben – Auf Glück reagieren

3.1 Wie erlebe ich Glück? – Individuelles Glück wertschätzen

Hinweise für Lehrkräfte: Glück erleben

Zum Stundenbeginn können die Schülerinnen und Schüler Momente und Erfahrungen von Glück artikulieren.

In einem ersten Erarbeitungsteil beschäftigen sich die Lernenden mit diversen Aussprüchen zum Thema und nehmen dazu Stellung. Die Aussagen verdeutlichen die Subjektivität des Erlebens von Glück. Zugleich wird deutlich, dass die unterschiedlichen Auffassungen eine gewisse Toleranz erfordern.

Im zweiten Erarbeitungsteil sollen die Schülerinnen und Schüler Empfehlungen formulieren, wie man sein Leben gestalten kann, um glücklicher zu werden. Dabei können die Erkenntnisse der vorausgegangenen Lernsequenz integriert werden. Gleichzeitig notieren die Lernenden individuelle Ansichten und Meinungen.

Im Anschluss präsentieren die Schülerinnen und Schüler ihre Ergebnisse und diskutieren diese. Dabei prüfen sie, ob die Empfehlungen realisierbar und hilfreich sind.

Abschließend äußert die Lerngruppe ihren Lernzuwachs, beispielsweise mit der Methode „Meldekette“ oder in Form eines Blitzlichts.

Glück erleben (Arbeitsaufträge)

Überall auf der Welt versuchen Menschen „glücklich" zu sein. Manchen gelingt dies mit Leichtigkeit und ohne jegliche Schwierigkeiten. Andere sind zutiefst unglücklich und schaffen es nicht, diesen Zustand zu verändern.
Für viele stellt sich die Frage: Was muss man eigentlich tun, um glücklich zu sein?

1. Lies dir die folgenden Aussagen aufmerksam durch.
2. Beurteile, ob diese Ratschläge sinnvoll sind oder nicht. Begründe deine Meinung.
3. Vergleiche anschließend mit deinem Partner.

„Alleine kann man nicht glücklich sein. Erst als Teil einer Gemeinschaft macht alles einen Sinn."

„Ohne Geld und materiellen Reichtum kann man nicht glücklich sein."

„Wahres Glück findet man nur in der Familie."

„Ich freue mich über die kleinen Dinge im Leben, über ein gutes Essen, ein nettes Wort, eine duftende Blume. All das macht mich glücklich."

„Glück heißt für mich, dass die Glückshormone in meinem Kopf herumschwirren. Ich brauche einfach einen Kick."

„Nur wenn man auch das Unglücklichsein akzeptiert, kann man wirklich glücklich werden. Das Leben ist ein ständiges Auf und Ab."

Glück erleben (Brief)

Individuelles Glück wertschätzen

Matthias ist zurzeit sehr unglücklich. Egal was er macht, nichts will ihm wirklich gelingen. Schreibe Matthias einen Brief, in dem du Möglichkeiten aufzählst und beschreibst, die ihm weiterhelfen können. Besprecht die Briefe anschließend in der Klasse.

Erarbeitet von: Martin Dösch und Michael Freund; Glück und Glücklichsein, Cornelsen Verlag GmbH, 2021.

3.2 Wie erlebe ich das Glück anderer? – Fremdes Glück wertschätzen

Hinweise für Lehrkräfte: Wie erlebe ich das Glück anderer?

Zum Stundeneinstieg sollen sich die Schülerinnen und Schüler die folgende Situation vorstellen: Sie sind in der Fußgängerzone einer Stadt unterwegs und sehen ungefähr 20 Meter vor sich einen Mann, der sich bückt, einen Zwanzigeuroschein aufhebt und sich sichtlich freut, dass er Geld gefunden hat. Zudem hören sie ihn laut sagen: „Wow, ich bin ein echter Glückspilz!".

Nun sollen sich die Lernenden äußern, wie sie auf die Situation reagieren. Im Unterrichtsgespräch können weitere Impulse integriert werden: Macht es einen Unterschied, ob man die Person kennt oder nicht? Ist es entscheidend, ob dieser Mensch einem sympathisch erscheint? Machen Geschlecht oder Alter einen Unterschied? Spielen die eigenen emotionalen Befindlichkeiten eine Rolle?

Zur tiefergehenden Bearbeitung des Themas wird die KV „Wie erlebe ich das Glück anderer?" bearbeitet. Die Lösungen werden sich individuell vermutlich deutlich unterscheiden. Thematisch kann bei der Diskussion der Lernprodukte im Plenum auf das ethische Prinzip der „Goldenen Regel" eingegangen werden. Negativ formuliert lautet die Goldene Regel im Sprichwort: „Was du nicht willst, das man dir tu, das füg' auch keinem andern zu!" In einer ähnlichen Formulierung taucht sie auch in den Sprüchen des Konfuzius (chinesischer Philosoph, um 500 v. Chr.) auf. Eine positive Formulierung findet sich in Mt 7,12: „Alles nun, was ihr wollt, dass euch die Leute tun sollen, das tut ihr ihnen auch."[1]

In einer Reflexionsphase können die Lernenden verbalisieren, wie sie selbst behandelt werden möchten, wenn (oder damit) sie sich glücklich fühlen.

1 Die Bibel nach der Übersetzung Martin Luthers (rev. 1912), Mt 7,12. www.bibel-online.net

Wie erlebe ich das Glück anderer?

1. Lies den folgenden Text aufmerksam durch!
2. Unterstreiche wichtige Informationen farbig und mit Lineal!

In der Wissenschaft ist (noch?) nicht vollständig geklärt, wie man glücklich werden kann. Eine „Glücksformel", die dies beschreibt, gibt es jedenfalls nicht. Jedoch werden allgemein drei Faktoren anerkannt, die das menschliche Glück maßgeblich beeinflussen.

Dies ist zum einen das Bedürfnis nach einem selbstbestimmten Leben, also die Möglichkeit, Entscheidungen zu einem gewissen Grad frei und unabhängig treffen zu können.

Dies ist zum anderen das Bedürfnis nach Kompetenz, also der Gelegenheit, sich selbst ausleben zu können und das zu tun, was man gut kann.

Und das dritte wesentliche Bedürfnis ist die Gestaltung des menschlichen Zusammenlebens: Soziale Bindungen machen glücklich, Einsamkeit macht unglücklich.

Daher stellt sich die Frage, wie man selbst auf das Glück anderer reagiert? Wie behandelt man Menschen, die glücklich sind?

Davor sollte man sich aber ein paar andere Fragen stellen:

Wie reagieren andere auf Neid und Missgunst? Wie wird Lästern empfunden? Wie empfinden es Menschen, wenn sie ausgelacht oder belächelt werden? Wie schmerzhaft ist es, einen anderen mit Missachtung zu strafen und diesen zu ignorieren?

1. Erstelle eine Tabelle mit Dos und Don'ts im Hinblick auf die Frage: Wie soll man sich verhalten, wenn eine andere Person Glück erlebt?
2. Von welchen Faktoren hängt es ab, sich einem Menschen gegenüber positiv zu verhalten? Notiere deine Gedanken!
3. Diskutiere deine Ergebnisse mit deinem Partner oder deiner Partnerin!

3.3 Wie soll ich auf Glück reagieren? – Ambivalenz von Glück

Hinweise für Lehrkräfte: Das verlorene Pferd

Die Erzählung „Das verlorene Pferd" geht auf einen chinesischen Text aus dem 2. Jahrhundert vor Christus zurück. Die Geschichte lebt in einem chinesischen Sprichwort weiter, das den Charakter einer Überschrift hat: „Der alte Mann von der Grenze verlor ein Pferd". Oftmals wird dieses Sprichwort durch einen zweiten Teil ergänzt: „aber woher weiß man, dass dies ein Unglück war?"

„Das verlorene Pferd" kann direkt zu Beginn der Unterrichtsstunde seitens der Lehrkraft vorgelesen werden. Eine Zäsur nach dem zweiten Abschnitt baut Spannung auf und regt die Schülerinnen und Schüler an, sich mit der Geschichte auseinanderzusetzen und Vermutungen zu äußern, wie es weitergeht.

Zur intensiveren Durchdringung stehen Arbeitsaufträge bereit, ebenso Differenzierungsangebote für leistungsstärkere und leistungsschwächere Schülerinnen und Schüler.

Diese Erzählung zeigt auf wunderbare Art und Weise, dass ein Ereignis zu einem bestimmten Zeitpunkt nicht eindeutig als glücklich oder unglücklich bezeichnet werden kann, da die zukünftigen Entwicklungen nicht vorhersehbar sind.

Als Lehrkraft könnte man festhalten, dass im Alltag eine „stoische Gelassenheit" und eine nüchterne Besonnenheit äußerst hilfreich sein können.

Hinweise für Lehrkräfte: Das verlorene Pferd (Musterlösung zu KV Q2)

„Glück“	„Unglück“
Ein prächtiges Pferd wird zum Eigentum des Bauern.	Das prächtige Pferd geht verloren.
Eine ganze Herde wertvoller Pferde wird zum Eigentum des Bauern.	Bei der Zähmung der Tiere verletzt sich der Sohn des Bauern schwer.
Alle jungen Männer müssen in den Krieg ziehen. Der Sohn des Bauern bleibt verschont.	

▷ **Beschreibe die Reaktionen des Bauers auf die Aussagen der Dorfbewohner!**
Der Bauer reagiert stets gelassen. Er will nicht, dass die Ereignisse als „Glück“ oder „Unglück“ bezeichnet werden. Er entgegnet entweder „Was wie ein Segen aussieht, ist manchmal ein Fluch!“ oder umgekehrt.

▷ **Fasse den Inhalt der Geschichte in eigenen Worten zusammen!**
Ein weiser und kluger Bauer erlebt angenehme und unangenehme Dinge. Er wartet stets ab, wie sich die Dinge entwickeln und ist sich bewusst, dass man im Voraus nicht erkennen kann, ob die Folge eines Ereignisses positiv oder negativ ist. (individuelle Lösungen)

▷ **Handelt es sich bei den Ereignissen, die in der Geschichte vorkommen, tatsächlich um glückliche bzw. unglückliche Vorfälle. Begründe deine Meinung.**
Oftmals empfinden wir in einer Situation ein Ereignis als glücklich bzw. unglücklich. Im Lauf der Zeit kann sich aber ein Glück in ein Unglück verwandeln und umgekehrt. Einzelne Situationen wirken in einem größeren Zusammenhang oftmals ganz anders. (individuelle Lösungen)

Das verlorene Pferd (Text)

Einst lebte im alten China ein weiser und gütiger Mann, der in seinem Dorf und weit darüber hinaus für seine Klugheit und Bescheidenheit respektiert und geachtet wurde.
Eines Tages kam es, dass sich ein prächtiges Pferd auf seinem Grund einfand und dort verbleiben wollte. Nach altem Recht gehörte dieses wunderbare Vollblut nun ihm. Die anderen Dorfbewohner warfen ihm anerkennende Blicke zu und betonten, wie schön dieses Geschöpf sei und was er für ein Glück habe. Daraufhin entgegnete der weise Bauer: „Vielleicht. Was wie ein Segen aussieht, ist manchmal ein Fluch."
Im Winter kam es nun, dass der weise Bauer zu seinem Stall ging. Da stellte er fest, dass das schöne und wertvolle Pferd verschwunden war. Ob fortgelaufen oder gestohlen, konnte man nicht sagen. Wie ein Lauffeuer verbreitete sich die Nachricht im Dorf und die Nachbarn kamen zu dem weisen und gütigen Mann und sprachen ihr Bedauern aus: „Es tut uns so leid! Du hast dein Glück verloren!".
Der weise Bauer entgegnete gelassen: „Vielleicht. Was wie ein Fluch aussieht, ist manchmal ein Segen."
Nach einem langen und kalten Winter kehrte endlich der Frühling in das Land ein. Der kluge Bauer stand auf seinem Feld und hörte ein mächtiges Donnern. Der Klang von Dutzenden Pferdehufen erschallte weit über das Dorf hinaus. Das verloren geglaubte Pferd war zurückgekehrt und mit ihm einige der schönsten und prächtigsten Hengste und Stuten des Landes. Die Dorfbewohner waren überrascht und sie sagten zum Bauern: „Es ist unglaublich, wie viel Glück Ihr habt! Ihr müsst wahrhaft ein glücklicher Mensch sein!".
Der weise Bauer entgegnete unbeeindruckt: „Vielleicht. Was wie ein Segen aussieht, ist manchmal ein Fluch."
Die prächtigen Rosse lebten fortan auf dem Hof des Bauern. Doch war es gar nicht so einfach, die Pferde zuzureiten, da sie so widerspenstig waren. Der einzige Sohn des Bauern war der Aufgabe der Zähmung gewachsen und er steckte viel Zeit und Kraft in diese schwere, anspruchsvolle Tätigkeit. Beim letzten Hengst, dem wildesten der ganzen Herde, wurde er abgeworfen und verletzte sich so schwer, dass er sich beim Sturz seine Beine brach. Die Dorfbewohner waren zutiefst betroffen und sprachen dem Bauern und seinem Sohn ihr Bedauern aus.
Der weise Bauer entgegnete ruhig: „Vielleicht. Was wie ein Fluch aussieht, ist manchmal ein Segen."
Kurze Zeit später brach im Land Krieg aus und alle jungen Männer wurden zu den Waffen gerufen. Auch der junge Bauerssohn sollte in die Schlacht ziehen, aber nachdem er aufgrund seiner Verletzung nicht kämpfen konnte, blieb sein Leben verschont.
Nun verstanden die Dorfbewohner die große Weisheit des alten Bauern.

Das verlorene Pferd (Arbeitsaufträge)

1. Lies den Text auf KV Q1 aufmerksam durch!
2. Ergänze in der untenstehenden Tabelle die Ereignisse, die die Dorfbewohnerinnen und Dorfbewohner als Glück bezeichnen und diejenigen, die als Unglück angesehen werden.

„Glück“	„Unglück“

3. Beschreibe die Reaktionen des Bauern auf die Aussagen der Dorfbewohnerinnen und Dorfbewohner!

4. Fasse den Inhalt der Geschichte in eigenen Worten zusammen!

5. Handelt es sich bei den Ereignissen, die in der Geschichte vorkommen, tatsächlich um glückliche bzw. unglückliche Vorfälle? Begründe deine Meinung.

Das verlorene Pferd (Arbeitsaufträge)

Für Schnelle

Was könnten die Dorfbewohner entgegnen, als sie die Weisheit des alten Bauern verstanden hatten?
Notiere eine oder mehrere Aussagen!

oder

Schreibe eine sinnvolle Fortsetzung der Geschichte!

Das verlorene Pferd – Brauchst du Hilfe?

1. Handelt es sich bei den einzelnen Ereignissen um Glück oder Unglück? Zeichne pro Satz einen Pfeil in die deiner Meinung nach richtige Richtung!

<table>
<tr><td rowspan="5">G
L
Ü
C
K</td><td>Ein prächtiges Pferd wird zum Eigentum des Bauern.</td><td rowspan="5">U
N
G
L
Ü
C
K</td></tr>
<tr><td>Das prächtige Pferd geht verloren.</td></tr>
<tr><td>Eine ganze Herde wertvoller Pferde wird zum Eigentum des Bauern.</td></tr>
<tr><td>Bei der Zähmung der Tiere verletzt sich der Sohn des Bauern schwer.</td></tr>
<tr><td>Alle jungen Männer müssen in den Krieg ziehen. Der Sohn des Bauern bleibt verschont.</td></tr>
</table>

2. Hatte der Bauer tatsächlich immer Glück, als die Dorfbewohner dies zu ihm gesagt haben?

3.4 Unglück vs. Glück

*Hinweise für Lehrkräfte: Hiob

Die Zusammenfassung soll die themaspezifische Bearbeitung der Fragen auch ohne vorliegende Bibelausgabe ermöglichen. Dennoch könnte es hilfreich sein, zur Vorbereitung den Bibeltext zu lesen.

1. Ist Hiob am Beginn der Geschichte ein glücklicher Mann? Welche Umstände sprechen dafür?
Man kann hier darauf hinweisen, dass Hiob reich ist (materielles Glück), eine gute Familie und Freunde hat (Beziehungsglück) und er aus seinem Glauben lebt (spirituelles/religiöses Glück).

2. Ist Hiob unglücklich, als er alles verliert? Was spricht dafür? Was spricht dagegen?
Das Unglück kann man am Verlust der Güter festmachen (materielles Unglück), am Verlust der Familie (familiäres Unglück), aber auch daran, dass sich die Freunde (innerlich) abwenden (Verlust der Freundschaft). Dennoch kann man auch darauf hinweisen, dass in allem Unglück Hiob an seiner Gottesbeziehung festhält. So ist er vielleicht nicht gerade glücklich über die Verluste, aber auch nicht verzweifelt unglücklich.

3. Ist Hiob am Ende der Geschichte (wieder) glücklich? Woran kann man das sehen?
Analog zu 1. kann man auch hier wieder die materiellen, familiären und freundschaftlichen Wurzeln von Glück anführen.

4. Am Anfang und Ende der Geschichte ist Hiob ein wohlhabender Mann mit einer großen Familie. Was hat sich dennoch verändert?
Zu den materiellen und Beziehungsaspekten von Glück tritt hier noch die Dimension der Zeit in ihrer Ausprägung als Dauer. Als vielleicht wichtigsten Aspekt kann man hier die Einsicht des Hiob anführen: Auch wenn die materiellen und ideellen Beziehungen Indikatoren für glückliches Leben sein mögen, letztlich kommt es sowohl auf das transzendente Fundament (Gott) als auch auf unsere eigene Haltung dazu an.

Weiterführende Fragestellungen
1. Vergleiche die Geschichte Hiobs mit der Geschichte „Das verlorene Pferd“ aus dem chinesischen Sprichwort (vgl. oben S. 48). Welche Parallelen fallen dir auf? Welche Unterschiede gibt es?
   Es kann dir helfen, die Rahmenhandlung (Hiob 1,1-2,10; 42,7-17) in der Bibel nachzulesen.
2. Welche weitere existenzielle (theologische) Problematik ist mit der Geschichte von Hiob angesprochen? -> Theodizeeproblem
3. Sind Glück und Unglück verdient? Hängt das Glück am eigenen Handeln? Oder ist es von anderen abhängig? Welche Rolle spielt unsere eigene Haltung?
4. Vergleiche mit der Geschichte von Krösus und Solon. Können wir wirklich erst am Ende sagen, ob ein Mensch glücklich war?

Hiob

Das Buch Hiob[1] des Alten Testamentes erzählt die Geschichte eines Mannes, der sehr reich und zugleich sehr gottesfürchtig war. Er hatte alles, was man sich nur wünschen konnte: Frau und Söhne, ein großes Vermögen, gutgehende Geschäfte, treue Freunde, erfüllte religiöse Bindungen, kurzum, er war rundum zufrieden mit seinem Leben. Eines Tages jedoch verlor er plötzlich alles: Viehherden zerstreuten sich und wurden Beute von wilden Tieren und Räubern, sein Haus und seine Stallungen stürzten in sich zusammen, brannten nieder und wurden geplündert. Die Mitglieder seiner Familie verstarben eines nach dem anderen, wurden Opfer von Unglücken oder Gewalttaten, schließlich verfiel auch er selbst körperlich immer mehr und litt an schweren und für unheilbar geltenden Gebrechen und Krankheiten. Selbst seine Freunde waren keine Hilfe mehr. Statt ihn zu trösten, versuchten sie, die Ursachen für sein Unglück in einem möglicherweise frevlerischen Denken, Reden und Tun zu finden. Er selbst aber war sich keines Vergehens, keiner Sünde bewusst, blieb dabei immer fest in der Treue zu Gott. Schließlich stellt er sich der Frage nach dem Grunde seines Unglücks, indem er diese Frage an Gott richtet. Dieser tadelt ihn zwar dafür, da er ihm keine Rechenschaft schuldig sei, lobt ihn aber gleichzeitig für seine anhaltende Treue. Nach dieser Prüfung stellt Gott schließlich nicht nur den ursprünglichen Zustand wieder her, sondern vervielfacht sogar Hiobs ursprünglichen Reichtum. Hiob erhält eine neue Familie und erlebt seine Nachkommen bis in die vierte Generation.

A

1. Ist Hiob am Beginn der Geschichte ein glücklicher Mann? Welche Umstände sprechen dafür?
2. Ist Hiob unglücklich, als er alles verliert? Was spricht dafür? Was spricht dagegen?
3. Ist Hiob am Ende der Geschichte (wieder) glücklich? Woran kann man das sehen?
4. Am Anfang und Ende der Geschichte ist Hiob ein wohlhabender Mann mit einer großen Familie. Was hat sich dennoch verändert?

1 Das Buch Hiob (auch: *Ijob*) umfasst 42 Kapitel. Die hier skizzierte Rahmenerzählung findet sich in den Versen 1,1-2,10 und 42,7-17. Dazwischen besuchen drei Freunde Hiob und versuchen, ihn davon zu überzeugen, dass er sich (wie unbewusst und ungewollt auch immer) gegen Gott versündigt habe, denn nur so sei eine solche Strafe zu verstehen.

4 Das persönliche Glück finden

4.1 Vertrauen in die eigenen Fähigkeiten entwickeln

Hinweise für Lehrkräfte: Das persönliche Glück finden

Zum Stundeneinstieg können die Lernenden ihr Vorwissen zu den folgenden Fragestellungen verbalisieren:

- ▷ Was ist Glück?
- ▷ Welche Formen werden unterschieden?
- ▷ Wie kann man auf Glück reagieren?

Für den weiteren Unterrichtsverlauf ist es wichtig herauszustellen, dass es äußere Umstände gibt, die Einfluss darauf haben, ob man sich glücklich fühlt oder nicht. Letzten Endes ist Glück aber ein subjektives Empfinden, das bei jeder Person individuell unterschiedlich ausgeprägt ist.

Zur Hinführung wird die Frage gestellt, was einem dabei helfen kann, auch unglückliche Phasen im Leben zu ertragen. Die Lernenden äußern ihre Vermutungen.

In der Erarbeitungsphase lernen die Schülerinnen und Schüler verschiedene Möglichkeiten kennen, wie sie ihr Selbstwertgefühl (unter Umständen) steigern können.

Nach der Erarbeitungsphase können einzelne Freiwillige der Lerngruppe die Arbeitsergebnisse präsentieren.

In der Reflexionsphase verbalisieren die Schülerinnen und Schüler ihren Erkenntniszuwachs.

Das persönliche Glück finden

Glück ist kein objektiver Zustand, sondern ein subjektives Empfinden. Diese Empfindungen hängen eng damit zusammen, ob man dazu in der Lage ist, unglückliche Zustände zu ertragen und glückliche Phasen anzunehmen. All das erfordert ein großes Vertrauen in die eigenen Fähigkeiten. Selbstbewusstsein ist ein wichtiger Baustein für positives Glücksempfinden.
Leider lässt sich ein gesundes Selbstbewusstsein nicht von heute auf morgen erreichen. Ein wertschätzender Umgang in der Familie und mit Freundinnen und Freunden ist ein wesentliches Element für den Aufbau positiven Selbstwertgefühls. Eine vertrauensvolle Atmosphäre baut Selbstbewusstsein auf, Angst und Druck bewirken das Gegenteil!
Die folgende Übung kann dir aber auch dabei helfen, etwas selbstbewusster zu werden und das persönliche Glück zu finden.

1. Erstelle eine Tabelle mit zwei Spalten. Notiere in der linken Spalte stichpunktartig, was du an dir magst. Folgende Fragen können dir behilflich sein:
- ▷ Was kannst du gut?
- ▷ Was zeichnet dich aus?
- ▷ Bei welchen Tätigkeiten gerätst du in einen Flow und vergisst die Zeit?
- ▷ Was kannst du besser als andere?
- ▷ Wofür wirst du gelobt?

2. Notiere in der rechten Spalte stichpunktartig, was dich verunsichert und dir unangenehm ist. Folgende Fragen können dir behilflich sein:
- ▷ Wann bist du unsicher?
- ▷ Welche Situationen lösen Unsicherheit in dir aus?
- ▷ Wann fühlst du dich sicher?

3. Im nächsten Schritt lernst du, mit diesen Unsicherheiten umzugehen. Situationen, die dir unangenehm sind, solltest du gedanklich durchspielen. Immer wieder solltest du an das denken, was du gut kannst und was dich auszeichnet. Bringe deine Stärken ins Spiel! (Diese Aufgabe lässt sich natürlich nicht in einer Unterrichtsstunde erreichen. Dazu musst du insbesondere eins: üben, üben, üben!)

4.2 Soziale Bindungen wertschätzen

Hinweise für Lehrkräfte: Mitgefühl und menschliches Glück

Zum Stundeneinstieg äußern die Schülerinnen und Schüler mögliche Zusammenhänge zwischen menschlichem Mitgefühl und Glück. Nach einer kurzen Diskussion wird der Text über die Ansichten des Dalai Lama zu Mitgefühl und menschlichem Glück bearbeitet.

Dies kann zu verschiedenen Erkenntnissen führen.

Positive Auswirkungen von menschlichem Mitgefühl sind unter anderem:

- Wenn eine einzelne Person sich friedlich, ruhig und wohlwollend verhält, so wird sich auch das nähere Umfeld ähnlich verhalten. Man könnte sagen, dass diese Verhaltensweisen Kreise ziehen.
- Das eigene Verhalten anderen Menschen gegenüber wird möglicherweise von diesen erwidert.
- Menschliches Mitgefühl ist die Grundlage für menschliches Zusammenleben.

Mitgefühl und Glück hängen dahingehend zusammen, dass das eigene Verhalten das Verhalten des näheren Umfelds positiv beeinflussen kann und somit das Glücksempfinden gesteigert werden kann.

Echtes Mitgefühl ist zum einem vom Respekt für den anderen geprägt und muss, zum anderen, auf der Einsicht beruhen, dass andere Menschen das gleiche Recht auf Glück haben wie man selbst. Echtes Mitgefühl ist unparteiisch und kennt keine Vorurteile. Basis für Mitgefühl ist die Erkenntnis, dass alle Menschen gleichwertig sind.

Mitgefühl und menschliches Glück

1. Lies den folgenden Text aufmerksam durch.
2. Unterstreiche wichtige Textstellen farbig und mit Lineal.

Der Dalai Lama bezeichnet Mitgefühl als Grundlage für menschliches Glück. Jeder einzelne Mensch kann und soll, seiner Auffassung entsprechend, einen Beitrag dazu leisten, dass er das Leid auf der Welt verringere und das Glück vermehre. Wenn eine einzelne Person ruhig, friedlich und wohlwollend handelt, so wird dies auch deren näheres Umfeld verändern. So lassen sich positive Verhaltensweisen vermehren und das Glück steigern. Für den inneren Frieden eines Menschen ist menschliches Mitgefühl ein wesentlicher Baustein. Echtes Mitgefühl ist zum einem vom Respekt für den anderen geprägt und muss, zum anderen, auf der Einsicht beruhen, dass andere Menschen das gleiche Recht auf Glück haben wie man selbst. Echtes Mitgefühl ist unparteiisch und kennt keine Vorurteile. Wenn wir selbst von einer freundlichen Atmosphäre umgeben sein wollen, müssen wir selbst einen entscheidenden Beitrag dazu leisten, dass eine solche entsteht. So wie Menschen sich anderen gegenüber verhalten, so wird dieses Verhalten möglicherweise auch erwidert. Einen anderen Menschen gut zu behandeln, obwohl dieser boshaft und gemein ist, erscheint unlogisch. Um dies umzusetzen, müssen wir die Erkenntnis gewinnen, dass unsere Mitmenschen gleichwertig sind.

Zudem unterstreicht der Dalai Lama die Bedeutung und Sinnhaftigkeit der christlichen Nächstenliebe: Menschliche Liebe soll grenzenlos sein – ohne Vorurteile und ohne Einschränkungen. Der Mensch ist ein Wesen, das nicht alleine lebt, sondern in Gesellschaften. Ohne menschliches Mitgefühl ist menschliches Zusammenleben schwierig, wenn nicht sogar unmöglich. Die konsequente Ausübung menschlichen Mitgefühls führt zu Gewaltlosigkeit und Frieden.

Vgl. Dalai Lama (2017) Die Vier Edlen Wahrheiten. Die Grundlage buddhistischer Praxis. Fischer Verlag: Frankfurt am Main, S.129–146.

3. Benenne positive Auswirkungen, wenn sich Menschen mitfühlend verhalten.
4. Erläutere den Zusammenhang zwischen Mitgefühl und Glück.

4.3 Ein Glückstagebuch führen

Hinweise für Lehrkräfte: Mein Glückstagebuch

Ein Glückstagebuch ist eine besondere Form des Lerntagebuchs, bei dem sich die Lernenden intensiv mit dem Thema „Glück“ beschäftigen. Durch die kontinuierliche Auseinandersetzung mit der Thematik gelingt nachhaltigeres Lernen. Da die Schülerinnen und Schüler den Heftumschlag eigenständig gestalten, wird ein emotionaler Bezug zum Glückstagebuch hergestellt. Die individuelle Herangehensweise lässt einzigartige Produkte entstehen, bei der man als außenstehende Person bereits Einblicke in die Glücksvorstellungen der Lernenden gewinnen kann.

Die Lernenden definieren bzw. umschreiben und beschreiben Glück bzw. ihre Glücksvorstellungen, was neben einer Aktivierung von Vorwissen gleichzeitig eine Gesprächsgrundlage für den schulischen Unterricht darstellen kann. Durch die täglichen Notizen über Glückserfahrungen werden die Schülerinnen und Schüler dafür sensibilisiert, was Glück sein kann. Wenn die Erfahrungen im Unterricht, beispielsweise zum regelmäßigen Stundeneinstieg, aufgegriffen werden, wird deutlich, wie verschieden die individuellen Glücksvorstellungen sind. Gleichzeitig wird klar, dass es unbedingt erforderlich ist, den Begriff „Glück“ zu konkretisieren, damit eine sachliche Diskussion darüber stattfinden kann.

Die Gestaltung einer Mindmap ermöglicht die Verschriftlichung des individuellen Lernfortschritts und stellt gleichzeitig eine Lernstrategie zur externen Visualisierung dar. Die Mindmaps können in Form eines Gallery-Walk in der Klasse thematisiert werden und als Diskussionsgrundlage dienen.

Zum Ende der Unterrichtssequenz definieren die Schülerinnen und Schüler erneut den Begriff „Glück“. An dieser Stelle ist ein Vergleich mit den anfänglichen Vorstellungen sinnvoll. Idealerweise stellen die Lernenden am Ende fest, dass sie ein differenzierteres Bild entwickelt haben.

Tipp!
Eine Mindmap kann auch großformatig im Klassenzimmer aufgehängt und je nach Unterrichtsfortschritt ergänzt werden. So können sich die (Gedanken der) Schülerinnen und Schüler auch außerhalb des Fachunterrichts ohne großen Aufwand mit dem Thema beschäftigen.

Mein Glückstagebuch

1. Nimm ein leeres DIN-A4- oder DIN-A5-Heft und gestalte den Umschlag passend zum Thema „Glück". Beklebe ihn beispielsweise mit ausgeschnittenen Bildern aus Zeitschriften, mit Papier, das du bemalst oder beschreibst.
2. Notiere auf der ersten Seite deine Vorstellungen von Glück. Dabei kannst du beispielweise Satzanfänge verwenden wie „Glück ist für mich …" oder „Unter Glück verstehe ich …".
3. Notiere nun jeden Tag, was du erlebt hast, das mit Glück zu tun hat. Schreibe auch auf, wenn dich etwas unglücklich gemacht hat. Gerne kannst du auch Zeichnungen anfertigen und/oder Bilder einkleben.
4. Beginne in der Mitte des Heftes eine Mindmap. Der Hauptbegriff ist „Glück". Ergänze und erweitere diese Mindmap regelmäßig nach den Unterrichtsstunden.
5. Kurz vor Ende der Unterrichtssequenz zum Thema „Glück" solltest du auf der letzten Seite des Heftes eine persönliche Definition von Glück notieren.

4.4 Einen Glücksbringer erstellen

Hinweise für Lehrkräfte: Einen Glücksbringer selbst machen – Daruma-Puppe (Hintergrundwissen)

Daruma-Puppen entstammen der japanischen Zen-Tradition (Zen = japanischer Buddhismus). Bei einer Wallfahrt zu einem buddhistischen Heiligtum können Pilger eine Daruma erwerben. Das Besondere daran ist, dass die Figur anfangs keine Pupillen besitzt. Hat man ein Anliegen, bemalt man einen Augenumriss der Figur mit einer Pupille und zeigt so an, dass man einen (konkreten) Wunsch hat. Die Puppe nimmt man anschließend mit nach Hause. Ist der Wunsch in Erfüllung gegangen, malt man die zweite Pupille auf und bringt die Puppe auf einer zweiten Pilgerreise zurück zum Tempel, in dem man sie erstanden hat. Die Daruma ist auf diese Weise sowohl Ausdruck von Sehnsucht und Hoffnung als auch Zeichen von Erfüllung und Glück. Das Aufmalen des ersten Auges macht die Existenz eines Wunsches explizit und zeigt die Hoffnung an, dass er erfüllt werden möge. Die Vollendung der Puppe durch das Aufmalen des zweiten Auges manifestiert das in der Erfüllung des Wunsches liegende Glück und die daraus resultierende Dankbarkeit.

Auch ohne Pilgerreise oder Affinität zum Buddhismus lässt sich diese Handlungsweise für den Unterricht fruchtbar machen. So können die Kinder am Beginn der Unterrichtssequenz „Glück“ ihre eigene Figur gestalten, sich einen Wunsch überlegen, der die Möglichkeit bietet, während der Laufzeit der Sequenz (zumeist drei bis fünf Wochen) in Erfüllung zu gehen, und ein Auge aufmalen. Die Figuren können mit nach Hause genommen oder auch im Klassenraum aufbewahrt werden. Jeder Schüler, dessen Wunsch in Erfüllung gegangen ist, malt dann seiner Figur das zweite Auge auf.

Am Ende der Unterrichtssequenz „Glück“ kann man dann die Daruma in die Abschlussdiskussion mit einbeziehen. Man kann dies im Blick auf den einzelnen Wunsch und seine Erfüllung diskutieren. Man kann es aber auch unter dem allgemeinen Aspekt diskutieren, ob und wie Wünsche sich erfüllen, dass es auch Wünsche gibt, die nicht oder nicht so schnell in Erfüllung gehen. Ist man aber dann deswegen ein weniger glücklicher Mensch?

Einen Glücksbringer selbst machen – Daruma-Puppe (Hinweise zur Herstellung)

Es gibt viele Möglichkeiten, eine für den Unterricht geeignete Figur herzustellen. Hier bietet sich auch eine Kooperation und Verzahnung mit dem Kunstunterricht an.

1. Am einfachsten verteilt man eine kopierte Vorlage (etwa die folgende KV V2) und lässt sie von den Schülern*innen möglichst kreativ gestalten (bemalen, bekleben etc.). Wichtig ist jedoch, dass dabei die Augenpartie ausgespart bleibt.

2. Steht mehr Zeit zur Verfügung, lassen sich Daruma-Puppen auch gut aus Pappmaché herstellen. Anleitungen zur Herstellung lassen sich leicht im Internet oder in Bastelbüchern finden. Auch hier auf die freibleibenden Augen achten!

3. Eine entsprechende Figur kann auch aus Holz geschnitzt oder aus Ton geformt werden. Vielleicht kann man hier ja eine Absprache mit den Kunstlehrer*innen treffen. Auch hier gilt: viel Platz für die Augen vorsehen und diese frei lassen!

4. Erwähnt, aber nicht unbedingt empfohlen, sei die Möglichkeit, sich bereits vorgefertigte Daruma-Puppen im Handel zu besorgen. Aber auch hier sollte man darauf achten, dass die Pupillen der Augen noch nicht aufgemalt sind.

Einen Glücksbringer selbst machen – Daruma-Puppe (Figurenvorlage)

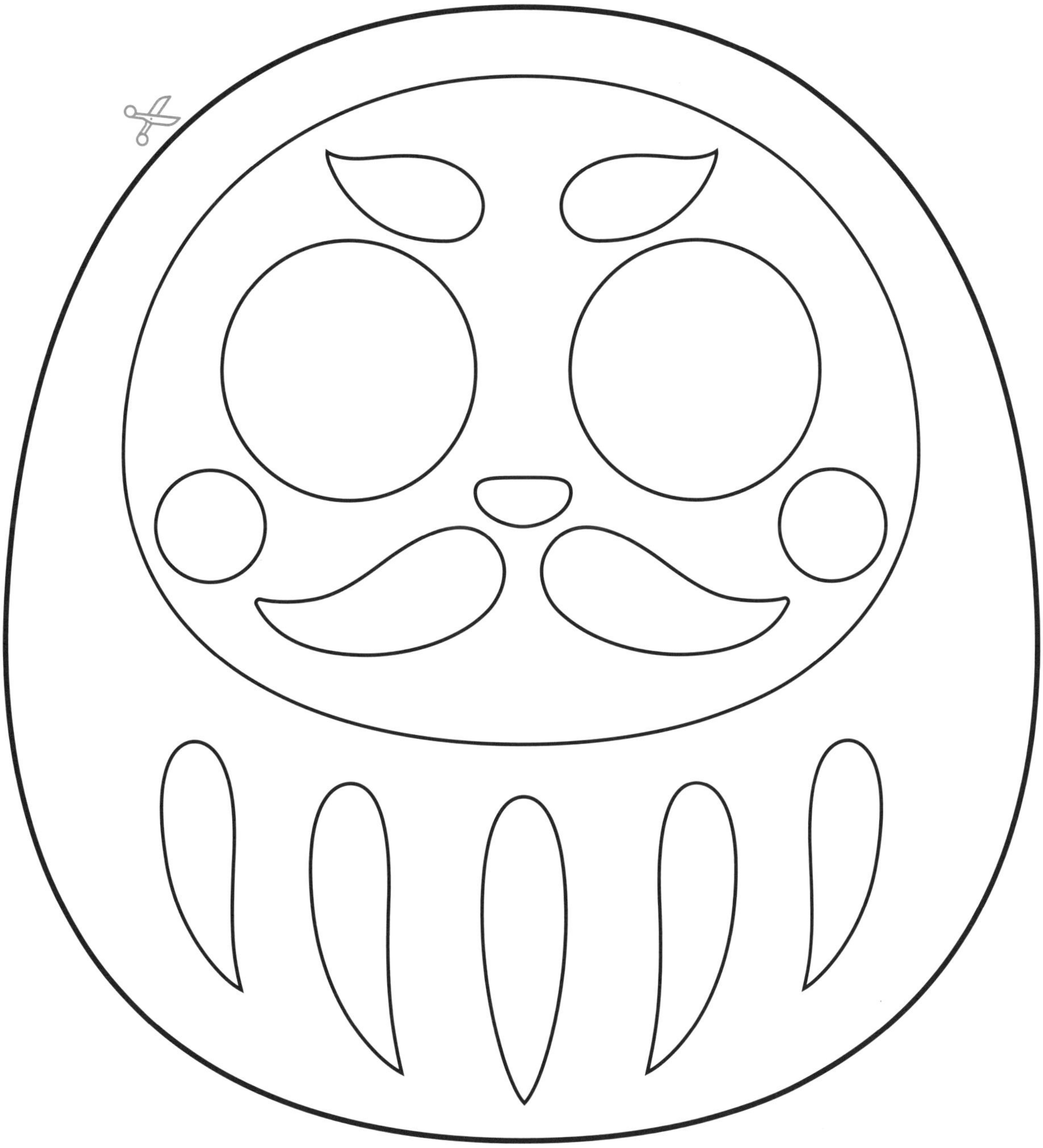

Illustration: Shutterstock.com/Sudowoodo

Hinweise für Lehrkräfte: Einen Glücksbringer selbst machen – Glücksstein

Zum Ende der Lernsequenz lässt sich auf ganz einfache Art und Weise ein Glückssymbol kreieren, das einen hohen individuellen Bedeutungsgehalt erlangen kann. Dazu sollen die Schülerinnen und Schüler glatte Steine mitbringen. Die Lehrkraft organisiert Acrylfarben und Pinsel in ausreichender Zahl.

Zum Stundeneinstieg begeben sich die Lernenden in einen Stuhl- bzw. Sitzkreis und äußern im Blitzlichtverfahren spontan ihre Eindrücke und Erlebnisse der Unterrichtssequenz zum Thema „Glück".

Nach einer kurzen Auswertung der Impressionen und einem Feedback der Lehrkraft begeben sich die Schülerinnen und Schüler auf ihren Platz. An dieser Stelle kann betont werden, dass zum Abschluss ein persönlicher Glücksbringer erstellt wird, der gleichzeitig an die Klasse und das Thema erinnern kann. Bei der künstlerischen Gestaltung sind der Kreativität keine Grenzen gesetzt. Nach Fertigstellung der persönlichen Glücksbringer begeben sich die Schülerinnen und Schüler wieder in den Stuhl- bzw. Sitzkreis und erklären bzw. beschreiben „ihren" Glücksbringer. Dadurch werden die verschiedenen Sichtweisen des Glücksbegriffs möglicherweise noch einmal verdeutlicht.